Te 18/257

T 3489.
~~Baa~~

LETTRE

A M. MAGENDIE.

IMPRIMERIE DE LACHEVARDIERE,
RUE DU COLOMBIER, N° 30, A PARIS.

LETTRE
A M. MAGENDIE,

SUR

LES PRÉPARATIONS D'OR,

ET

LES DIFFÉRENTES MANIÈRES

DE LES ADMINISTRER.

Par J.-A. CHRESTIEN,

DOCTEUR EN MÉDECINE DE L'UNIVERSITÉ DE MONTPELLIER.

A PARIS,
CHEZ AUCHER-ÉLOY, LIBRAIRE,
RUE DE L'ÉCOLE DE MÉDECINE, N° 3.
1828.

AVERTISSEMENT.

Instruit que M. Magendie, dans la cinquième édition de son *Formulaire pour la préparation et l'emploi de plusieurs nouveaux médicaments*, parlait de mes préparations d'or, j'ai été curieux de savoir ce qu'il en disait : j'avais pensé qu'avant de se prononcer sur leurs effets il les aurait employées, ou qu'il aurait consulté des praticiens impartiaux ; je m'attendais conséquemment à ce qu'il en dirait du bien.

Ma philanthropie a eu à souffrir quand j'ai vu que cet auteur estimable avait établi son opinion sur celle d'hommes qui, dès l'instant que ma nouvelle méthode antisyphilitique a paru, s'en sont déclarés les ennemis jurés. Si je n'avais eu à reprocher à M. Magendie que d'avoir mal placé sa confiance, je l'aurais plaint et aurais gardé le silence. Mais quand je me suis aperçu qu'il s'était laissé tromper au point de me prêter un langage que je n'ai point tenu, et qui est on ne peut pas plus propre à nuire à mes préparations d'or, j'ai dû réclamer et rétablir les expressions dont je me suis servi dans ma *Méthode ïatraleptique*, où on est censé les avoir prises.

Je n'ai eu d'abord que le dessein de faire insérer dans les journaux une réclamation pure et simple, et je me serais borné à cela si je ne m'étais rappelé l'insuffisance de ce moyen dans ma lettre à M. Percy, publiée dans le *Journal complémentaire* faisant suite au *Dictionnaire des sciences médicales*. N'ai-je pas alors en effet réclamé contre les doses énormes et meurtrières du muriate d'or et de soude, prescrites dans le Formulaire de Cadet de Gassicourt? A quoi a servi ma réclamation? Les doses de trois, six, douze, dix-huit grains par jour, n'ont-elles pas été conservées dans deux éditions subséquentes, sous la révision de M. Bailly? J'ai changé de projet, et pour atteindre plus sûrement à mon but, en piquant la curiosité des amis de mes préparations d'or, et celle de leurs ennemis, j'ai jugé à propos d'entrer dans quelques détails relatifs aux divers modes d'administration du muriate, des oxides d'or et de l'or divisé. Si ce travail a, comme je l'espère, quelque utilité, je rendrai grâces à M. Magendie de m'avoir fourni matière à réclamation, par l'erreur dans laquelle on l'a jeté, et je dirai avec plaisir : *A quelque chose malheur est bon!*

LETTRE
A M. MAGENDIE,

SUR LES

PREPARATIONS D'OR.

Quelle réputation aurais-je laissée après moi si, imitant quelques médecins qui, dans l'espoir de faire une fortune brillante, ont tenu secrètes des découvertes utiles à l'humanité souffrante, je n'eusse pas fait connaître mes préparations d'or, à l'emploi desquelles un nombre considérable d'individus doivent la santé et la vie ! je me serais sans doute enrichi, mais j'aurais terni ma mémoire par l'oubli des devoirs qu'impose la dignité de mon état.

Qu'ai-je fait pour laisser de moi un souvenir honorable ? Ayant acquis, par une expérience de vingt-cinq ans, la certitude que mes préparations d'or remplaçaient avec avantage les préparations mercurielles dans tous les cas de syphilis primitive ou constitutionnelle; qu'elles réussissaient contre les affections scrophuleuses, contre les squirrhes de la matrice, contre plusieurs maladies du système lymphatique qui éludent l'action de la plupart des remèdes; qu'elles étaient d'une administration facile et commode pour tous ceux qui en usaient, et pour les gens surtout atteints de maladies syphilitiques, qu'il importe de tenir cachées, et qu'enfin leur emploi, lorsqu'il n'est pas accompagné de succès, n'est jamais suivi d'accidents graves, à moins que le remède n'ait été donné mal à propos ou mal administré, j'ai publié ce que m'avait appris une longue expérience sur l'efficacité de ce nouveau moyen.

Je m'attendais à le voir accueillir, j'ose dire avec reconnaissance, me persuadant que la philanthropie devait être l'apanage des médecins; j'appris bientôt qu'il y avait encore des exceptions. Les uns me dirent des injures, d'autres eurent recours à des inculpations encore plus déplacées : quelques uns ont dénaturé mes préparations, etc. Ma délicatesse a souffert dans le premier cas, mais jamais mon amour-propre n'a été blessé; il n'avait pas présidé à la publication de ma nouvelle méthode antisyphilitique ; j'étais animé d'un sentiment plus noble, l'amour de mes semblables. Ce sentiment, toujours aussi vif, me dicte ces lignes pour relever des erreurs qui se sont glissées dans l'ouvrage d'un savant recommandable à tant de titres, qui, n'ayant pas lu ce que j'avais écrit, s'en est fié à quelqu'un qui a trompé sa confiance.

Malgré l'engagement formel que j'avais pris de défendre ma méthode antisyphilitique contre les écrivains qui chercheraient à la décrier, je n'avais point encore songé à répondre à ses nombreux détracteurs. Je m'en reposais sur l'efficacité de mes préparations bien faites et administrées par des praticiens instruits et impartiaux. Souvent plusieurs d'entre eux ont eu la bonté de me faire part des succès qu'ils ont obtenus, et leurs observations [1] m'ont

---

[1] J'en possédais près de quatre cents, qui m'ont été fournies par des praticiens recommandables de divers pays : je les ai toutes remises à mon jeune ami le docteur Legrand, dont l'ouvrage sur l'emploi de l'or dans le traitement des affections vénériennes est sur le point de paraître.

amplement dédommagé du désagrément qu'ont voulu me procurer des hommes peu philanthropes. Content donc des guérisons que j'apprends de toute part et journellement par la bienveillance de confrères, amis de l'humanité, qui veulent me récompenser des peines que j'ai éprouvées, je me serais tu encore en laissant au temps et à une plus longue expérience le soin de placer mes préparations d'or au rang distingué que leur utilité leur assigne : mais cette fois l'attaque partait de trop haut ; j'ai dû rompre mon long silence, surtout quand j'ai vu qu'on prêtait à ma plume des expressions qui, venant de moi, doivent nécessairement nuire à mes préparations plus que tout ce qu'on a lancé contre elles.

M. Magendie, en enrichissant la cinquième édition de son *Formulaire* de ce qui concerne mes préparations d'or, lorsqu'il parle du mode d'administration du muriate, me fait dire qu'il est rare qu'on en emploie plus de quatre grains pour obtenir la guérison des maladies syphilitiques les plus graves.

Si M. Magendie ne se fût pas fié à une main inattentive et peut-être ennemie, qu'il eût copié lui-même, il se serait piqué, je n'en doute pas, de l'exactitude qu'on doit avoir dans une cause qui intéresse l'humanité, et il n'aurait pas écrit *dans les maladies syphilitiques les plus graves*, puisque j'ai imprimé *dans les cas ordinaires*. Une pareille substitution peut et doit en imposer aux médecins de la meilleure foi, dans l'administration de l'hydrochlorate d'or, et leur faire déclarer le remède inefficace si après l'emploi de quatre grains ils ne voyent pas céder une maladie qui, quoique primitive, peut en exiger une plus forte dose.

J'avais cru ne pas laisser de louche sur ce que j'enten-

dais par ces cas ordinaires, en ajoutant de suite, comme on peut le voir dans la note à la page 398 de ma *Méthode iatraleptique :* « Souvent j'ai vu disparaître les symptômes,
» tels que chancres, poireaux, bubons réunis sur le même
» sujet avant le quatrième grain, et j'ai cessé l'emploi du
» remède sans que les malades aient à se plaindre de ne l'a-
» voir pas continué plus long-temps. Je vois tous les jours
» des gens que j'ai guéris il y a plus de dix ans [1], par
» l'emploi de trois grains de muriate, et qui se portent par-
» faitement. »

Il ne me serait pas difficile de prouver ce que j'ai avancé, que dans *les cas ordinaires,* je le répète, quatre grains suffisent pour guérir, en rapportant un grand nombre d'observations de divers praticiens, et même que plusieurs fois il n'a fallu en administrer que trois. Ayant confié au docteur Legrand le soin de convaincre par une grande masse de faits, je me contenterai de copier l'observation neuvième de la thèse que soutint à la Faculté de médecine de Montpellier, sur l'*efficacité du muriate d'or et de soude dans la syphilis et autres maladies du système lymphatique,* M. Destouches, chirurgien major du régiment de Montpellier, corps royal du génie, homme très distingué par son mérite et par sa loyauté.

« Le sapeur Lecompte, âgé de vingt-deux ans, d'un
» tempérament sanguin très prononcé, qui n'avait jamais
» eu de maladie syphilitique, me consulta dans le mois d'août
» 1817, pour lui indiquer un traitement qui le délivrât de
» chancres si nombreux sur le gland, qu'ils en couvraient
» toute la surface : il n'y avait pas plus de quinze jours
» qu'il avait connu la femme qui l'avait infecté, et ces ul-

---

[1] Aujourd'hui je puis dire, depuis vingt-sept ans.

» cères avaient paru depuis huit. Un phimosis vint bientôt
» se joindre aux premiers symptômes syphilitiques, et il
» se manifesta une inflammation assez vive dont je devais
» prévenir les suites, le sujet étant surtout fort vigoureux :
» néanmoins, cet état inflammatoire me paraissant borné
» aux parties infectées, je me contentai de prescrire des
» bains locaux dans la décoction de fleurs de mauve, qui
» servit également à des injections entre le gland et le pré-
» puce ; je fis aussi dispenser le malade du service. Il s'é-
» coula quinze jours avant que je pusse administrer le mu-
» riate, mais ce terme passé, et quoique le phimosis
» existât encore, j'en fis commencer l'usage sans aban-
» donner celui de la décoction en injections et en bains.
» Deux jours étaient à peine écoulés depuis l'emploi du sel
» triple, qu'on put facilement mettre le gland à découvert :
» je ne trouvai pas moins d'étendue dans l'ulcération ; l'in-
» flammation était seulement diminuée, j'insistai sur les
» bains locaux, et je fis recouvrir les ulcères de plumasseaux
» garnis de cérat de Galien. Je m'attendais à voir, comme
» dans les cas précédents, les chancres cicatrisés au com-
» mencement de l'emploi du troisième grain du sel triple ;
» mais il y en avait trois assez profonds et étendus dans
» un état stationnaire après l'emploi du quatrième grain :
» si c'eût été mon coup d'essai, peut-être aurais-je soumis
» Lecompte à un traitement mercuriel, en accusant le pre-
» mier d'insuffisance. L'aspect vraiment atonique des ulcè-
» res me fit penser qu'ils étaient entretenus par une débilité
» locale que j'avais pu même déterminer en faisant insister
» trop long-temps sur les applications émollientes, et que
» le virus syphilitique n'y était plus pour rien ; plein de cette
» idée, je touchai les chancres avec le nitrate d'argent
» fondu ; la première application me prouva, par les chan-

» gements favorables qui survinrent, que j'avais eu raison
» la seconde, faite trois jours après, ajouta tellement au bien
» qu'avait produit la première, que, cinq jours s'étant écou-
» les, il ne resta plus que des cicatrices solidement établies.

» Cette maladie fut suivie par un jeune médecin anglais
» qui désirait connaître les effets des préparations d'or
» contre la syphilis ; il resta convaincu que, dans ce cas,
» ils avaient été heureux. »

Le même praticien me fournit encore dans la même thèse la preuve que je n'ai rien avancé inconsidérément en annonçant que rarement il fallait plus de quatre grains de muriate dans les cas que j'ai appelés ordinaires de syphilis. J'emprunte son langage.

» A l'exemple de M. le docteur Chrestien, et d'après ce
» qu'il dit, j'ai commencé l'emploi du muriate frictionné
» sur la langue (en ma présence quand j'ai soigné des sol-
» dats) par un quinzième de grain, ne faisant faire
» qu'une friction par jour, et, autant que la chose était
» possible après que les malades avaient mangé, afin que
» la langue, plus dépouillée par la mastication, fût mieux
» disposée à une absorption plus complète ; l'opération du-
» rait une minute, et le sujet avalait la salive après l'avoir
» gardée quelques instants dans la bouche. Le premier
» grain de sel triple, associé à deux grains de poudre d'iris
» parfaitement réduit à la partie ligneuse, épuisé en quinze
» jours je suis venu à un quatorzième de grain, puis à un
» treizième et ainsi de suite; rarement ai-je été obligé
» d'employer plus de trois grains de muriate pour obtenir
» la guérison des maladies récentes, tandis que d'autres
» praticiens en emploient de plus fortes doses dans les
» mêmes cas : ce qui m'a prouvé que le docteur Chrestien
» avait eu raison de me dire avoir observé que l'exercice et le

» travail, même forcés, favorisaient l'action du médicament [1].
» Deux grains de muriate ont suffi en général pour dissiper
» les symptômes, et j'ai administré le troisième pour mieux
» assurer la guérison : jamais nul accident ne m'a fait sus-
» pendre l'emploi du remède, quoique les malades que je
» traitai fussent exposés à toutes les intempéries des saisons
» et de l'air [2]. »

Je ne bornerai point à ce que je copie de la thèse de
M. Destouches, les preuves que je n'ai rien avancé de trop

[1] Dans mon mémoire à l'Institut, envoyé quelques années avant que M. Destouches soutînt sa thèse, j'ai consigné que dans les hôpitaux, dans les maisons de réclusion surtout, où le genre de nourriture et l'inaction jettent, entre autres causes, les sujets dans un état d'atonie plus ou moins prononcée, les doses de mes préparations d'or doivent être plus fortes que chez les hommes qui jouissent de toute leur liberté, se nourrissent convenablement et se livrent à des occupations.

[2] Ai-je eu tort, d'après ce que fait observer M. Destouches que les malades qu'il a traités ont guéri sans accidents, quoiqu'ils eussent été exposés à toutes les intempéries des saisons et de l'air, d'avancer dans mon ouvrage (page 347) que ma méthode laissait à ceux qui y étaient soumis la faculté de vaquer à leurs occupations ordinaires, quelle que fût la température dans notre climat? — Le docteur Weter, de Mulhouse, où la température est infiniment plus basse qu'à Montpellier, m'a marqué dans le temps que la plupart des malades qu'il a traités par mon muriate (il en a soigné un très grand nombre) avaient été guéris par l'administration de quatre grains, et plusieurs par celle de trois, en se livrant à leurs travaux accoutumés; mais chez d'autres aussi il a fallu en administrer six, sept et huit grains. — Le baron Girardot, praticien très distingué de Varsovie, m'a appris qu'il avait guéri d'une syphilis, pendant un hiver fort rigoureux, un militaire en activité de service, sans qu'il y ait manqué un seul jour; mais dans ces régions glaciales il faut administrer trente et quarante grains du sel aurifère.

en disant qu'en général quatre grains de muriate d'or suffisent dans des climats tempérés comme celui où je vis pour guérir les maladies syphilitiques primitives. Sans en faire l'histoire je parlerai de dix guérisons opérées sur des soldats du régiment de Rennes, artillerie à pied, en garnison à Toulouse, par trois grains de muriate d'or administrés à chaque malade sous la direction de M. Mignot, chirurgien-major de ce corps ; tous les sujets étaient atteints de chancres et de bubons. Écrivant à ce confrère estimable pour le remercier de l'attention qu'il avait eue de me donner l'historique des maladies et de me communiquer les succès des traitements faits à la caserne sans qu'aucun soldat suspendît son service, ce qui est attesté par l'état-major du régiment, je ne pus m'empêcher de lui témoigner les craintes que m'inspiraient d'aussi petites doses de muriate, aucun sujet n'ayant dépassé le troisième grain. M. Mignot surveilla la santé des militaires dont il est question, et m'annonça quelques années après qu'ils se portaient tous bien sans qu'il se fût manifesté chez un seul le plus léger symptôme consécutif.

Afin de ne pas rester dans une erreur meurtrière, et ne pas y jeter ceux qui auraient eu confiance en ma méthode, j'ai voulu savoir de M. Destouches s'il s'était aperçu de l'insuffisance de la dose qu'il dit avoir employée le plus communément ; je lui ai écrit, sa réponse a été négative ; il m'a même marqué qu'il obtenait des succès si constants de l'emploi du muriate, qu'il ne tenait plus de notes des traitements faits par ce remède.

M. Audibert, médecin de l'hôpital militaire de Mont-Dauphin, en administre de quatre à cinq grains dans les maladies primitives, les sujets étant traités dans l'hôpital même, circonstance qui le met probablement dans le cas d'élever la dose plus haut que ne l'ont fait MM. Destouches et Mignot : la température de Mont-Dauphin, plus basse que celle de Montpellier et de Toulouse, y contribue peut-être aussi.

Combien on a raison de dire qu'il n'y a que le premier pas qui coûte ! Je croyais n'avoir pris la plume que pour rectifier un fait, et je vais m'en servir encore pour présenter quelques réflexions relatives à l'administration de mes préparations d'or en relevant, par occasion, ce qui m'a paru, dans le Formulaire de M. Magendie, tendre à atténuer les bienfaits de ma méthode, et en retarder les progrès. Qu'il est fâcheux qu'un homme aussi recommandable que lui ne l'ait pas employée ! il en aurait dit du bien, et elle aurait été adoptée plus vite, car j'ose me flatter qu'elle le sera généralement tôt ou tard. La pratique de l'inoculation de la petite-vérole, celle de la vaccine qui a fait abandonner la première, n'ont-elles pas eu pour s'établir de grands obstacles à surmonter ? L'usage de l'antimoine n'a-t-il pas été proscrit par arrêt du parlement de Paris, en 1556, à la sollicitation de la Faculté de médecine de cette ville ? Le même parlement n'en a-t-il pas permis l'emploi cent ans après ? Et cette substance n'a-t-elle pas fourni, entre autres préparations utiles, le tartrate de potasse antimonié, un des plus puissans remèdes que possède l'art de guérir ?

Il n'en sera pas de mes préparations d'or comme il en a été de l'antimoine, et il ne faudra pas, comme pour celui-ci, un siècle pour qu'elles soient généralement employées. On rejeta l'antimoine par la raison que les préparations qu'on en avait faites étaient mauvaises et produisaient des effets meurtriers, tandis que les oxides et le muriate d'or que j'ai fait connaître étaient parfaitement confectionnés, et que je n'en ai publié les propriétés qu'en les appuyant sur un nombre considérable d'observations qui en démontraient l'efficacité. Abstraction faite de quelques motifs particuliers que je passe sous silence, et qui suscitent des ennemis à ma méthode, elle serait infiniment plus répandue si les praticiens qui en ont obtenu des succès les avaient fait connaître, si plusieurs des gens de l'art qui l'ont employée n'avaient pas voulu changer le mode d'administration que j'ai indiqué, et ne s'étaient pas servi, dans les cas où l'or en substance et les oxides auraient mérité la préférence, du muriate à des doses beaucoup trop élevées, lors même que c'eût été la préparation la plus convenable.

Je crois devoir ici chercher à fixer d'une manière presque sûre les doses auxquelles il convient de s'arrêter dans le traitement de la syphilis primitive, récente ou non; et la règle que je vais établir sera applicable dans tous les climats, en faisant observer que la quantité de muriate à employer doit être plus considérable dans les pays où l'excitation est plus difficile à obtenir, soit par l'influence d'un froid excessif qui émousse la sensibilité, soit par celle d'une très grande chaleur qui amène l'atonie. Cette influence est à peine marquée dans le pays que j'habite; mais on l'observe d'une manière très prononcée à Varsovie et à l'île Bourbon; de sorte qu'en Pologne et dans la partie d'Afrique que je cite, il faut, pour obtenir les effets qu'on obtient ici au moyen de cinq ou six grains de muriate, en administrer jusqu'à trente et plus, en débutant même par un huitième de grain, et arrivant rapidement à un cinquième, un tiers, un demi-grain et même un grain par friction.

Il semblerait, à juger sans réflexion, et en voyant d'après les observations des docteurs Gozzi et Niel et du docteur Risueno, de Carthagène, que dans plusieurs cas la syphilis traitée par le muriate a été guérie par des sueurs abondantes; il semblerait, dis-je, que le climat de l'île Bourbon devrait favoriser l'action de ce remède; mais, en y réfléchissant, on doit établir une bien grande différence entre la sueur provoquée par une excitation médicatrice et celle qui a eu lieu par l'effet d'un climat brûlant qui énerve. Sous ce climat, il est indispensablement nécessaire d'opposer un stimulant plus énergique à la cause permanente de la débilité, qui est la sueur. Je pourrais établir un parallèle entre celle-ci et celle qu'on observe dans le commencement de certaines maladies; symptomatique alors, elle devient dangereuse par ses effets débilitants. Mais revenons à la règle que j'ai annoncée.

La période inflammatoire passée [1], on commencera par un grain de muriate d'or et de soude mêlé avec deux grains d'iris de Florence, privé par l'alcool et l'eau de toutes les parties solubles, et divisé en quinze fractions dont on frictionnera une chaque jour sur la langue [2]. Quand

---

[1] On ne me reprochera pas, j'espère, de n'avoir pas prévenu de laisser passer cette période, puisque je dis, dans ma méthode iatraleptique (page 342), que j'ai observé ordinairement que dans les véroles récentes, et lorsque les symptômes annoncent la période inflammatoire, ceux-ci s'exaspèrent par l'action du muriate, donné même avec prudence.

Ce que je n'ai pas dit, et que je dois faire observer, c'est que si l'inflammation ne se manifeste que sur les bubons, on n'a pas besoin d'autant de retenue, l'expérience m'ayant appris que la résolution avait eu lieu sous l'action du muriate, quoique tout annonçât l'ouverture assez prochaine de la tumeur.

[2] Je conseille de faire la friction après le repas, par les raisons exposées dans ce que j'ai copié de M. Destouches, à qui j'en avais fait part; je rappellerai qu'il faut, de suite après l'opération, la-

même les symptômes inflammatoires disparaîtraient pendant l'emploi de ce premier grain, on ne devrait pas se dispenser d'administrer le second et le troisième. On ne pourrait pas raisonnablement croire que cette disparition fût l'effet du remède, s'il avait existé des bubons volumineux, des excroissances, des ulcères profonds; l'expérience ayant appris d'ailleurs que quelquefois ces symptômes se dissipent sans traitement, sauf l'exception qu'on ne traitât des sujets tellement sensibles à l'action du muriate qu'il ne fallût qu'un grain, peut-être moins de cette préparation, pour procurer, à un degré suffisant, l'excitation que j'appelle *sui generis*, que je crois indispensable pour la guérison de la vérole, et qu'elle ne se manifestât par une sueur abondante et par des urines copieuses décidant une crise complète, comme l'a vu M. Niel (voyez son ouvrage) et comme l'a observé le célèbre praticien de Carthagène dont j'aurai occasion de parler plus bas, en rapportant deux faits qu'il a eu la bonté de me communiquer, faits si étonnants qu'ils sortent de la règle générale que je vais continuer d'exposer.

La sensibilité du sujet n'obligeant pas d'abandonner le muriate avant d'en avoir administré trois grains, le second en quatorze fractions et le troisième en treize, on ne dépasserait pas cette dose au cas que les symptômes eussent disparu pendant l'emploi du second grain, ou par les trois ou quatre premières fractions du troisième : mais si la disparition n'avait lieu que par les dernières fractions de celui-ci, on aurait recours au quatrième, au cinquième,

---

.ver le doigt dont on se sera servi, pour qu'il ne prenne pas une couleur pourpre, et qu'on ne doit pas être surpris, si la langue prend une teinte noire.

au sixième, etc., d'après les conditions que je viens d'établir, et en diminuant toujours d'une fraction chaque nouvelle subdivision.

Je puis assurer que je n'ai jamais été obligé de dépasser le quatrième grain dans la cure des maladies primitives, surtout récentes, que lorsque la syphilis a été compliquée de scrophules. Il m'est arrivé plusieurs fois, dans des cas pareils, d'avoir besoin de plus de quatre grains de muriate pour dissiper les symptômes vénériens, et même une fois dissipés, j'ai continué long-temps ce remède, sans provoquer les accidents qui ont eu lieu sur deux sujets non scrophuleux qui, malgré mes avis, usèrent du muriate après la disparition des symptômes contre l'élément desquels je l'avais administré. Comme de pareils accidents pourraient se présenter sur d'autres individus et étonner les médecins qui en seraient témoins, je crois utile de donner l'histoire de ces deux cas.

Consulté par un jeune homme de vingt-deux ans, d'un tempérament bilieux, d'une constitution forte, qui, depuis plusieurs semaines, était atteint d'une maladie syphilitique, caractérisée par deux chancres sur la face interne du prépuce, un bubon à l'aine gauche, et une blennorrhagie, je conseillai l'usage du muriate, en le commençant par un quinzième de grain. Le malade ayant débuté par cette dose, et en suivant les gradations que j'ai indiquées, avait vu disparaître tous les symptômes avant d'avoir commencé l'emploi du quatrième grain, qu'il prit cependant en douze fractions, quoique j'eusse recommandé de ne pas pousser plus loin le traitement; le sujet, dans l'espoir d'une guérison plus assurée, consomma encore deux grains, l'un divisé en onze fractions et l'autre en dix : cela fut fait à mon insu.

A peine la dernière dose eut-elle été employée, qu'il survint un engorgement hémorrhoïdal très considérable, nouveau pour le jeune homme, des excroissances vers l'anus en nombre infini, accompagnées d'un écoulement abondant d'une matière que le malade croyait être du pus, et qui n'était que lymphatique. Effrayé de ces accidents, il se fit examiner par un homme de l'art instruit, qui augmenta beaucoup ses inquiétudes, en lui annonçant que tous les phénomènes qu'il éprouvait étaient dus à un déplacement du virus syphilitique, et qu'un nouveau traitement était indispensable; mais, avant de s'y soumettre, le sujet voulut connaître mon opinion.

Je ne partageai pas celle que je viens de communiquer; je ne vis dans ces accidents détaillés que les effets d'une excitation exubérante du système lymphatique, et avec d'autant plus de raison que les excroissances étaient moins frangées, plus lisses, moins dures et plus blanches que ne le sont les excroissances syphilitiques. D'après les caractères de celles que j'avais sous les yeux, et que M. Fages vit comme moi (je l'avais prié de les examiner, dans la crainte de me faire illusion, et me rappelant d'avoir été témoin d'un engorgement considérable des glandes inguinales, provoqué par l'usage trop soutenu du muriate quoique je n'eusse atteint que les fractions du quatrième grain, après la disparition des symptômes vénériens, et que j'ai rapporté dans ma *Méthode iatraleptique, page* 411), je ne craignis pas d'affirmer au malade que ce qu'il éprouvait n'appartenait pas au virus syphilitique, mais était dû à une surexcitation, et je ne prescrivis que des bains, des boissons rafraîchissantes, un régime analogue et des lotions d'eau fraîche. Les inquiétudes du malade augmentèrent lorsque sa bouche fut garnie d'aphthes, que la langue s'ulcéra dans plusieurs points, que les cheveux et la barbe tombèrent, et que les sourcils se dégarnirent. Il ne fallut rien moins qu'une grande confiance en moi pour le garantir d'un découragement funeste auquel le portait encore un dégoût absolu pour toute sorte d'aliments. La continuation des moyens que j'avais prescrits, l'éloignement de l'époque où la surexcitation avait eu lieu et un voyage ramenèrent une santé parfaite.

Le malade qui me fournit le second cas, était un voyageur, âgé de trente ans, fortement constitué, d'un tempérament bilioso-sanguin, portant depuis plusieurs semaines trois chancres sur le gland et un bubon à chaque aine. Passant à Montpellier, vers la fin du mois d'avril, peu de jours avant que le premier sujet m'eût fait part de l'état fâcheux où l'avait mis son imprudence, il vint me consulter : ne pouvant s'arrêter, il se munit de six divisions de muriate, la première en quinze fractions, et la sixième en dix, en suivant les gradations accoutumées. Je ne manquai pas de le prévenir que si les symptômes étaient dissipés pendant l'emploi des premières fractions de la troisième division, il ne devait pas pousser le traitement plus loin; que si la guérison ne se manifestait que vers la fin de cette division, il userait la quatrième, et qu'il se conduirait d'après cette règle pour la cinquième et la sixième; en l'assurant que j'étais fortement persuadé que les deux dernières lui deviendraient inutiles. Je crus prudent de les lui faire emporter, parceque, dans le cas où, contre ce que m'avait appris une très longue expérience, le mal résistât à l'administration de quatre grains de muriate, il n'aurait trouvé nulle part aussi bien que celui que je lui avais fait fournir.

Près de trois mois après, je reçus de ce malade une lettre datée de Limoges, par laquelle il m'annonçait qu'au mépris de mes instructions, il avait employé les six divisions de muriate, quoiqu'après l'usage de la troisième il eût été délivré des chancres et des bubons, et qu'il lui était sorti des excroissances occupant depuis la première courbure de la verge jusqu'au-dessus de l'os sacrum. Il réclamait mes conseils en me priant de lui adresser, le plus promptement possible, ma réponse à Bordeaux.

Persuadé que les excroissances dont il se plaignait étaient de même nature que celles que j'avais vues sur le premier sujet, attendu qu'elles reconnaissaient la même cause, je conseillai les mêmes moyens que dans le cas précédent, en affirmant au malade que l'accident qui l'avait tant effrayé n'aurait pas la moindre suite fâcheuse.

Il s'était écoulé une vingtaine de jours depuis ma réponse, lorsque je reçus chez moi le sujet, dont la santé générale était excellente, mais à qui il restait beaucoup d'excroissances, quoiqu'elles fussent en moindre quantité qu'à son départ de Bordeaux, où il n'avait pu prendre que trois ou quatre bains domestiques; les seuls moyens dont il avait usé en route, avaient été quelques verrées de sirop d'orgeat et des lotions d'eau fraîche. Les excroissances m'ayant offert les caractères que j'ai dépeints dans l'observation précédente, je n'eus pas la plus légère crainte sur leurs suites. Je ne pus faire partager ma sécurité au malade, à qui trois médecins qu'il avait consultés à Bordeaux avant qu'il n'eût reçu ma lettre, avaient annoncé un déplacement du virus et la nécessité indispensable de faire de suite un nouveau traitement. J'obtins cependant qu'arrivé chez lui, où il devait prendre deux mois de repos, il en employât au moins un à suivre un régime adoucissant, et à faire usage de bains, de bouillons rafraîchissants, de petit-lait, etc.

Le lendemain de son départ de Montpellier, j'eus la visite du premier individu, qui jouissait de la santé la plus brillante, entièrement délivré de ses excroissances, les cheveux, la barbe étant revenus en grande partie, et les sourcils se garnissant de nouveau.

Je m'empressai d'instruire le second sujet de l'état satisfaisant dans lequel j'avais vu celui dont il vient d'être question, et j'eus l'extrême satisfaction d'apprendre, quinze jours après que je lui eus écrit, que, malgré la fatigue du voyage, fait toujours à cheval, pendant une saison encore bien chaude, il n'avait plus d'excroissances.

J'ai eu occasion de le voir plusieurs années après, se portant à merveille [1].

En supposant que pendant ou après l'emploi du quatrième grain les symptômes restassent stationnaires, sans signes d'excitation, on devrait augmenter la dose du remède et en donner un huitième de grain, un sixième, etc., sauf à revenir à une dose moindre, sitôt qu'on aurait réussi à stimuler la sensibilité [2].

On pourrait même associer à l'usage des frictions celui du muriate ou de l'oxide à l'intérieur (comme cette pra-

---

[1] M. Duffour, médecin très distingué, qui pratiquait à Paris, et dont on a à regretter la perte, m'écrivit, il y a quelques années, avoir été témoin plus d'une fois de pareilles excroissances par la même cause, et qu'elles avaient cédé au temps et aux antiphlogistiques.

[2] Il ne m'est point arrivé de cas de syphilis récente où j'aie eu besoin de forcer la dose du remède; mais ils se présentent dans le traitement des véroles constitutionnelles, pour lesquelles on peut suivre les règles générales que j'établis, en insistant un peu plus sur l'emploi des préparations d'or après la disparition des symptômes, que lorsqu'il s'agit de maladie primitive.

tique appartient à M. Niel, on devrait consulter son excellent ouvrage), et au cas qu'une atonie locale s'opposât à la cicatrisation des chancres, on les toucherait avec le nitrate d'argent fondu. Quant aux excroissances, si elles ne diminuaient pas après l'emploi de deux grains de muriate dans un climat tempéré, et après celui de quatre ou cinq dans le climat qui exige une plus forte dose de chlorure d'or, enfin à mi-traitement, on les attaquerait d'après la forme qu'elles auraient, ou avec l'instrument [1] en les cautérisant après l'excision, ou avec la dissolution un peu forte de muriate dans l'eau distillée [2].

Une amélioration qui se serait manifestée par une dose quelconque de muriate rétrogradant, on est autorisé à soupçonner une cause étrangère au mal et au traitement. Il est superflu de dire qu'il faut chercher à la découvrir

---

[1] Notre jeune ami, le docteur Legrand, nous a écrit qu'il pensait qu'il ne devait presque jamais être nécessaire d'avoir recours à ces moyens, et que l'action de l'or déterminait toujours la résorption des végétations.

[2] Cette dissolution, d'après ce qu'a eu la bonté de me marquer M. le marquis Pascalis, de New-York, sert avec grand avantage à M. John Cheesman pour tous les cas qui exigent des caustiques. Ce dernier praticien, médecin de la société des Quakers, depuis l'année 1812, n'emploie plus que le muriate d'or (il l'administre à l'intérieur) contre la syphilis primitive ou constitutionnelle, à moins que les malades ne veuillent absolument user du mercure.

La lettre de M. Félix Pascalis est en date du 14 novembre 1813. Je puis la représenter, de même que toutes les lettres et les observations qu'on a bien voulu m'adresser relatives aux succès qu'ont procuré mes préparations d'or. J'ai confié presque toutes ces pièces au docteur Legrand, afin qu'il en fasse l'usage le plus convenable pour populariser mes préparations d'or; il se fera un vrai plaisir de les communiquer à quiconque le désirera; et je l'ai pleinement autorisé à le faire.

pour lui opposer les moyens qu'elle exige. Plusieurs fois j'ai vu un mieux sensible, produit par deux ou trois grains de muriate ou par toute autre préparation d'or, être enrayé et rétrograder par une cause gastrique. La suspension du remède et des émétiques ou des purgatifs, suivant que les unes ou les autres méritaient la préférence, en détruisant la gastricité, ont rendu à la préparation aurifique dont j'avais repris l'usage, toute son action bienfaisante.

J'ai admis plus haut des cas d'exception dans lesquels on devrait se borner à l'administration d'un seul grain de muriate pour guérir une syphilis primitive et récente. Pour qu'on ne regarde pas cette hypothèse comme hasardée et invraisemblable, je vais rapporter les faits sur lesquels je la fonde, en transcrivant[1] deux observations que m'a communiquées le praticien de Carthagène dont il a été déjà fait mention.

« Liopis (Dominique), âgé de vingt-quatre ans, marin
» de profession, d'un tempérament sanguin bilieux, entra
» à l'hôpital militaire de cette ville, ayant des douleurs gé-
» nérales et plusieurs tubercules disséminés sur le corps.
» Il avait été atteint, à diverses époques, d'ulcères, de
» gonorrhées et d'éruptions, pendant les années 1819, 1820,
» 1825 et 1826. Toutes ces affections avaient constamment
» reconnu pour cause un vice vénérien ; les préparations
» mercurielles avaient été employées par différents méde-
» cins. La guérison s'était chaque fois si long-temps fait atten-
» dre, que le malade, impatienté de si longues souffrances,
» avait une répugnance décidée pour toute espèce de mé-

---

[1] Je transcris *littéralement*. M. Magendie, s'il me lit, s'apercevra que j'ai copié mot pour mot ce que j'ai pris dans son Formulaire.

» dicament mercuriel; il était même découragé par la crainte
» de ne pas guérir. Je crus que c'était l'occasion d'em-
» ployer le muriate d'or; un grain fut divisé en quinze frac-
» tions. Le malade, comme il est facile de le deviner, fut
» enchanté du changement de traitement et de la facilité
» dans son administration; il employa une fraction chaque
» jour en friction sur la langue; le second grain fut divisé
» en quatorze fractions. A la troisième friction de ce second
» grain, un mouvement de crise fort remarquable se fit
» sentir; les sécrétions augmentèrent dans leur qualité et
» changèrent dans leur nature ; à la grande quantité d'u-
» rines se joignirent des sueurs abondantes et très fétides.
» A la fin du second grain, le malade ne ressentit plus rien;
» tout l'appareil des symptômes disparut comme par en-
» chantement; il quitta donc l'hôpital. »

« Le nommé Louza, âgé de vingt-deux ans, tempérament
» sanguin-bilieux, soldat de profession, entra dans l'hôpital
» de cette ville à la fin d'avril 1826. Il avait une très forte
» gonorrhée, des ulcères vénériens à la verge, des verrues,
» des excroissances, ainsi que des douleurs générales dans
» tout le corps. Cet appareil de symptômes s'était montré
» chez lui depuis le commencement de 1824. Il avait pris
» des préparations mercurielles qui avaient échoué soit par le
» peu de méthode dans l'administration, soit par le mauvais
» régime, soit enfin par d'autres causes inconnues. Vu
» toutes ces circonstances, je résolus l'emploi du muriate
» d'or en frictions sur la langue. Premier grain en quinze
» fractions; point d'effet sensible pendant son administra-
» tion; deuxième grain en quatorze, diminution des dou-
» leurs à la seconde ou troisième friction, et abaissement
» de tous les symptômes : à la fin de ce deuxième grain
» le malade fut complètement guéri.

« N'oublions pas de noter que la maladie s'était jugée
» par des sueurs très abondantes d'une odeur âcre et fé-
» tide, ainsi que par des urines sédimenteuses. Je lui avais
» prescrit pendant sa maladie le petit-lait ainsi que des
» tisanes de mauve [1]. »

D'après ces faits, il est aisé de concevoir qu'un grain et
moins d'un grain pourrait donner lieu à de pareils phénomènes sur un sujet aussi susceptible d'excitation que celui
dont parle M. Magendie dans son *Formulaire* (5ᵉ édition,
page 231, et 6ᵉ édition, page 249). Il dit « avoir été con-
» sulté par un malade auquel on avait mal à propos admi-
» nistré le muriate d'or. Il n'avait pris ce sel qu'à la dose
» d'un dixième de grain dans une tasse de lait, pendant
» huit jours; au bout de ce temps, il eut une gastrite des
» plus intenses, et après que l'irritation fut calmée, il éprou-
» vait encore une chaleur extrême à la peau, une insomnie
» opiniâtre et des érections fatigantes. Cet état d'irritation,
» malgré le régime le plus doux et le plus sévère, persiste
» encore au bout de trois ans, et le malade ne peut encore
» faire usage du vin, même très étendu d'eau [2]. »

[1] J'écris les observations mot pour mot, sans corriger quelques
fautes de rédaction, pour n'y rien mettre du mien. Si M. Risueno
n'a pas poussé plus loin le muriate après la disparition des symptômes, c'est qu'il connaissait l'ouvrage de M. Niel, que je lui
avais fait parvenir.

[2] Quel sentiment pénible a dû éprouver M. Bailly, qui a revu
et corrigé la cinquième édition du Formulaire magistral de Cadet
de Gassicourt, s'il a lu le Formulaire de M. Magendie, en voyant
qu'un dixième de grain de muriate, donné pendant huit jours
dans du lait, a produit les plus graves accidents! lui qui n'a pas
craint de le prescrire à la dose de trois, six, douze et dix-huit grains
par jour dans le sirop de gomme. S'il avait eu égard à la réclamation que j'ai faite à ce sujet dans une lettre à M. Percy, publiée

Je me garderai bien de dire : *Qui prouve trop ne prouve rien;* il me suffit, pour croire ce fait, qu'un homme aussi recommandable que M. Magendie assure en avoir été témoin, persuadé qu'il a pris toutes les précautions pour connaître sûrement la cause de l'état qu'il décrit.

En n'élevant aucun doute sur ce fait, il m'est permis d'attribuer les accidents survenus après une dose aussi faible de muriate que celle qui avait été administrée dans le lait, véhicule très propre à atténuer, quoiqu'il ne le décompose pas [1], la première impression du remède sur l'épigastre, à une susceptibilité unique à l'action de ce médicament par l'effet de l'idiosyncrasie. A combien de phénomènes en effet presque incroyables ne donne-t-elle pas lieu !

Un homme me consulta à une époque où je ne faisais point usage des préparations d'or, pour le délivrer d'une blennorrhagie syphilitique ; je lui prescrivis le calomel. Il

---

dans les journaux et insérée dans l'ouvrage de M. Niel, il n'aurait pas eu à gémir sur le mal qu'il a fait, au cas que les doses de muriate qu'il prescrit aient été administrées. C'est sans doute pour s'exposer à moins de regrets que dans la sixième édition il a retranché du *Mémorial pharmaceutique*, à l'article SYPHILIS (en la laissant néanmoins subsister dans le texte), la prescription de l'hydrochlorate d'or et de soude depuis trois jusqu'à dix-huit grains par jour, tandis qu'elle se trouve dans la précédente, imprimée en 1825, long-temps après ma réclamation.

[1] Je dois dire : Ne la décompose pas *instantanément*, et je dois supposer que dans le cas rapporté par M. Magendie le mélange du sel aurifère avec le lait était fait au moment de l'ingestion ; car M. Figuier a constaté que mon muriate triple est décomposé par tous les corps, et d'autant plus rapidement qu'il est en proportion plus faible. La seule solution qui soit stable est celle dans l'eau distillée.

en prit un grain le jour même que j'en conseillai l'emploi, et dès le lendemain il survint une salivation qui devint très abondante, qui dura un mois, terme après lequel le sujet en fut délivré, de même que de la blennorrhagie, qui avait diminué peu à peu.

Dans une des lettres que j'ai reçues de mon jeune ami le docteur Legrand, où il demande à ma vieille expérience quelques conseils pour l'aider dans des cas difficiles, il me parle d'une femme qui, s'étant frictionné le pubis deux fois avec l'onguent mercuriel (un demi-gros au plus pour chaque friction), eut peu de temps après une herpe qui lui couvrit tout le corps et a persisté plusieurs mois ; elle céda cependant à l'usage des bains domestiques, des délayants et de quelques diaphorétiques.

Dans le même temps que je voyais une si faible dose de calomel donner lieu à un si grave accident que celui que j'ai mentionné, j'avais indiqué à un homme vigoureux l'emploi de deux gros de pommade mercurielle, pour le débarrasser de ces mêmes insectes qui tourmentaient la femme qui est le sujet de l'observation précédente. Ayant rencontré cet individu huit jours après qu'il eut fait usage de ce moyen, je lui demandai s'il en avait obtenu l'effet qu'il désirait : il me répondit affirmativement, en m'apprenant que, comme il était extrêmement couvert de poils, et qu'il éprouvait des démangeaisons partout, il s'était frictionné fortement les membres et le corps sans excepter d'autres parties que la plante des pieds, le visage et la tête, avec quatre onces de pommade mercurielle préparée au tiers ; il n'avait ressenti qu'un léger mal de tête, même passager, deux fois vingt-quatre heures après cette imprudence.

Que conclure de ces faits ? que les premiers sujets

avaient une idiosyncrasie qui les empêchait de supporter le mercure, et que le troisième pouvait en supporter une dose énorme; en supposant que les phénomènes diamétralement opposés qu'ils m'ont offerts, ne fussent pas dus à des dispositions actuelles et momentanées. M. Niel a vu un homme tellement réfractaire à l'action du muriate, qu'il lui en administra une quantité considérable, plus de vingt grains, sans qu'il parût le plus léger signe d'excitation. M. le docteur Farjon, au moment où j'écris, soigne une fille de treize ans, scrophuleuse, à laquelle il a fait frictionner, et en sa présence, treize grains de muriate, les cinq derniers à un huitième de grain, sans qu'il se soit manifesté le moindre changement dans l'état physiologique.

Un fait opposé à ceux-ci, et que j'invoque pour prouver ce que peut l'idiosyncrasie sous l'influence du même agent, est le suivant, que je trouve dans le *formulaire* de M. Magendie (sixième édition, pag. 249).

M. Cullerier neveu, dit cet auteur, a vu des malades qui n'ont pu en aucune manière supporter le muriate d'or.

«Une dame, âgée de quarante-cinq ans, avait des ulcè-
»res aux fosses nasales; on lui administra ce remède à un
»quinzième de grain. A la seconde dose il y a eu irritation
»gastrique, rougeur de la gorge, sécheresse de la langue,
»douleurs d'entrailles et dévoiement. Un vingtième de
»grain fut administré de nouveau; lorsque les premiers
»symptômes se furent dissipés, les mêmes effets eurent
»lieu. Plusieurs nouveaux essais renouvelés chez la même
»dame n'ont pas été plus heureux; cette dame est presque
»aussi sensible à l'action du mercure, elle n'a pu être
»guérie que par ce dernier moyen.»

M. Cullerier aurait dû dire, ce me semble, si cette dame avait dû sa guérison au sublimé ou aux frictions mercurielles. On pourrait considérer cette omission comme malveillante pour les préparations d'or.

Ce fait me cause moins de surprise que celui dont parle M. Magendie, parceque j'ai rencontré dans ma pratique des sujets sur lesquels il aurait été imprudent d'employer le muriate d'après l'excitation précoce qu'ils en avaient éprouvée; mais dans ce cas, lorsqu'ils ont eu besoin d'antisyphilitiques, au lieu de mettre un entêtement condamnable dans l'administration d'une préparation dont le mode de sensibilité de l'individu ne pouvait pas s'accommoder, j'ai eu recours aux oxides, à l'or divisé, et si ces différentes préparations administrées avec les ménagements nécessaires avaient eu trop d'énergie, j'aurais donné le muriate en dissolution (un grain sur six ou huit onces d'eau distillée), ajouté à la dose d'une, deux, trois ou quatre cuillerées à café par jour, jamais qu'une à la fois, dans une décoction plus ou moins chargée de salsepareille renforcée par le sirop de la même plante, et j'aurais augmenté ou diminué l'énergie du remède en faisant ajouter la dissolution au moment même de son ingestion, ou quelque temps avant, dans ce dernier cas la décomposition du muriate étant très avancée, quoiqu'elle ne soit pas complète.

J'use souvent de ce mode de traitement, au moyen duquel je guéris des véroles constitutionnelles très anciennes. Je lui donne la préférence sur celui par les frictions, lors surtout que les principaux symptômes ont leur siége dans la bouche, au voile du palais, dans l'arrière-bouche, et que j'ai à craindre la trop grande susceptibilité du sujet : jamais je ne m'en suis servi de cette façon contre la syphilis primitive. Je ne me borne pas à un grain de muriate dissous dans la quantité d'eau que j'ai indiquée : la première dose de dissolution épuisée sans augmenter le véhicule, j'augmente le muriate de demi-grain ou d'un grain jusqu'à le porter successivement à trois ou quatre. Il ne m'est point arrivé de dépasser ce nombre, et j'ai continué le remède pendant plus ou moins de temps, comme lorsque l'on se sert du sublimé uni aux sudorifiques.

Ordinairement je fais faire une décoction d'une once de salsepareille dans deux pintes d'eau jusqu'à réduction de moitié. Le malade prend chaque jour la colature en quatre verres, avec addition sur chacun d'une cuillerée à bouche de sirop préparé avec la même racine, et d'une cuillerée à café de la dissolution, que je supprime en tout ou en partie pour un temps plus ou moins long, si quelques signes m'annoncent une surexcitation prochaine ; je retranche la dissolution d'un, de deux, de trois verres ; j'en suspens même l'usage, si elle s'établit sans que j'aie pu la prévenir. Cette surexcitation cède toujours facilement à la suspension dont je parle, à quelques verrées d'une boisson mucilagineuse, et dans aucun cas elle n'entraîne après elle les accidents fâcheux que M. Cullerier a vus accompagner l'emploi du muriate.

Suivant ce chirurgien, les effets généraux de l'hydrochlorate d'or et de soude sont une chaleur interne, des céphalalgies, sécheresse de la bouche et du gosier, oppression, irritation gastrique, constipation ou diarrhée, accélération de la circulation. (*Formul.* de M. Magendie, page 230 ; sixième édition, page 249.)

De tous ces phénomènes, le seul que j'ai observé constamment, de quelque manière que les préparations d'or aient été administrées, mais plus marqué quand j'ai employé le muriate en frictions sur la langue, c'est l'accélération de la circulation, que je regarde comme indispensable pour obtenir l'excitation qu'on sollicite, et que je

détache de la série des accidents avec lesquels M. Cullerier paraît la confondre; accidents qu'il éviterait, s'il le
voulait, en prenant cette accélération pour sa boussole.
Comme ce docteur n'a pas lu la note 17, page 399, de
ma Méthode ïatraleptique, je vais la rapporter : elle pourra
lui servir, s'il emploie de nouveau le muriate. C'est en parlant d'un malade qui, usant de cette préparation, éprouva
de la chaleur à la peau et de l'agitation dans le pouls qui
me sert de guide pour la suspension, l'augmentation ou la
modification du remède; que je dis :

« *Par l'agitation du pouls* (note de la page 399), *j'en-
tends de la fréquence dans les pulsations et le développe-
ment de l'artère qui ont toujours lieu, plus ou moins,
quand j'emploie ma méthode, mais surtout le muriate;
cette excitation, que je regarde comme indispensablement
nécessaire pour la guérison des maladies contre lesquelles
j'administre l'or*, restreinte dans de justes bornes, ne s'accompagne jamais de lésion notable ou même sensible des
fonctions; la bouche est bonne, la langue humectée; il n'y
a pour l'ordinaire qu'une augmentation des urines ou de la
transpiration; mais en la poussant trop loin je courrais le
risque de déterminer un éréthisme général, l'inflammation même de tel ou tel organe, suivant les dispositions
du sujet, ce qui non seulement enrayerait le traitement,
mais pourrait décider une nouvelle maladie souvent plus
fâcheuse que celle que je cherche à détruire. J'ai pour
règle de la suspension ou de la modification du remède
l'état le plus prochain de la fièvre qui s'annonce par une
chaleur insolite et soutenue de la peau [1]. »

---

[1] Je me serais dispensé de rapporter cette note, si elle eût été
en entier dans le Formulaire de M. Magendie. Je transcris ici ce

Je ne crains pas d'avancer qu'en usant des précautions que j'indique, jamais les traitements par les préparations d'or n'auront de suites fâcheuses, et que tous les prati-

qu'on a cru devoir en copier, afin qu'on juge si ce qui en a été supprimé, et qui se trouve plus haut en italique, n'aurait pas dû être dit également, et si cette lacune ne peut pas nuire à l'emploi du muriate d'or, sans que M. Magendie en ait eu, j'en suis sûr, l'intention.

Après un compte rendu de l'ouverture de deux chiens, l'un petit, l'autre fort, qui avaient péri par l'ingestion de trois grains de muriate chez le premier, par celle de dix grains chez le second, et dans l'estomac desquels on avait trouvé tous les phénomènes qui annoncent la manière d'agir des substances corrosives, il est dit (page 229 et 230 du Formulaire, et 248 de la sixième édition): « Suivant M. Chrestien, *le muriate d'or est infiniment plus actif que le sublimé corrosif, mais il est moins irritant pour les gencives. Administré à la dose d'un dixième de grain par jour, il a occasioné dans un cas une forte fièvre.* » (Il est vrai que j'ai dit que le muriate d'or est plus actif sur le système en général que le sublimé; mais cette assertion, pas plus que ce que j'annonce relativement à la fièvre survenue par l'emploi d'un dixième de grain par jour, ne font partie de cette même note, mais d'une qui précède (page 398)). *L'excitation développée par ce sel, restreinte dans de justes bornes, ne s'accompagne jamais de lésion notable ou même sensible des fonctions. La bouche est bonne, la langue humectée, l'appétit se soutient, les évacuations alvines n'éprouvent aucun dérangement; il n'y a pour l'ordinaire qu'une augmentation dans les urines et dans la transpiration. Mais en poussant la dose trop loin, on court le risque de produire un éréthisme général, l'inflammation même de tel ou tel organe, suivant les dispositions de l'individu; la fièvre s'annonce par une chaleur insolite et soutenue de la peau.*

Voilà l'exposé des accidents dont sont menacés les malades chez lesquels on poussera l'excitation trop loin. On dit la dose qui peut l'occasioner, et le même Formulaire offre des exemples qui prouvent qu'une bien plus faible dose peut causer cette trop vive ex-

ciens qui s'en serviront proclameront leur innocuité, comme l'a fait M. Niel, comme l'a fait le docteur Gozzi de Bologne [1].

Si ces deux praticiens ont acquis les preuves nécessaires pour tenir un pareil langage, c'est qu'avant de se livrer à l'emploi de mes préparations, ils ont lu mon ouvrage pour y puiser une règle de conduite. J'ai la certitude qu'ils n'ont été imités que par bien peu de gens de l'art qui ont

citation. Mais fallait-il négliger de dire les précautions à prendre pour éviter ces accidents, pour prévenir cette fièvre, que je redoute dans certains cas? Ne fallait-il point enfin faire connaître les signes qui indiquent la nécessité de modifier ou de suspendre le remède?

[1] Ce praticien, dans un ouvrage publié en italien sous le titre d'*Annotations théoriques et pratiques adressées au célèbre professeur Jacques Tommasini, sur l'usage de quelques remèdes aurifiques dans les maladies vénériennes*, après avoir présenté un assez grand nombre de faits pour bien asseoir son opinion, s'exprime ainsi :

« Des divers faits que j'ai exposés jusqu'ici, je crois pouvoir
» déduire que l'or divisé, l'oxide d'or par l'étain ou la potasse,
» et surtout le muriate triple d'or et de soude combiné avec l'ami-
» don, employés en frictions, particulièrement sur les gencives,»
(Je ne me rends pas raison de la préférence que le docteur Gozzi accorde aux gencives sur la langue pour placer les frictions. Les gencives ont moins de vaisseaux absorbants, un frottement un peu fort est dans le cas d'excorier, et l'acide que contient le muriate noircit le collet de la dent, pour peu qu'il y ait de tartre. Aucun de ces accidents, que j'ai signalés dans ma Méthode iatraleptique, n'a lieu quand c'est la langue qu'on frictionne.) « offrent contre
» la syphilis un moyen curatif facile, simple, commode, écono-
» mique, d'une grande innocuité, et supérieur à toute autre mé-
» thode. Conséquemment je pense que ces préparations doivent
» obtenir la préférence sur les remèdes les plus vantés et le plus
» généralement employés dans les mêmes cas. »

voulu se servir du muriate sans avoir consulté ni ma Méthode ïatraleptique, ni le travail de M. Niel; aussi ne savent-ils pas l'administrer ni distinguer les cas où les oxides et l'or divisé mériteraient la préférence, à cause de leur moins d'énergie, quoiqu'ils possèdent la même propriété. Plusieurs fois on a demandé mes avis pour remédier à des accidents produits par le muriate administré sans règle, sans jugement, et d'une manière que ni M. Gozzi, ni M. Niel, ni moi n'avons indiquée. Entre autres cas, je me rappelle celui d'un homme atteint de syphilis auquel on avait fait prendre dans vingt-quatre jours vingt-quatre grains de muriate dans deux pintes de vin blanc. Le sujet fut jeté dans un état d'irritation nerveuse d'où on eut beaucoup de peine à le tirer; il conserva la raison, ce qui n'arrive pas toujours à ceux qui ont pris trop de mercure.

Depuis la publication de ma Méthode ïatraleptique, j'ai employé à l'intérieur une dose infiniment plus forte de muriate que celui dont je viens de parler, et quoiqu'il fût sans addition de muriate de soude, non seulement je n'ai point éprouvé d'accidents, mais j'ai obtenu au contraire un succès auquel je n'osais pas m'attendre [1].

Le sujet était une femme de cinquante ans, qui depuis cinq ans n'avait plus ses règles, d'un tempérament éminemment lymphatique, chez laquelle on observait au cou des cicatrices qui décelaient l'existence ancienne d'un vice scrophuleux, à la recrudescence duquel j'attribuai un

---

[1] Long-temps avant que la formule de ce muriate eût été insérée dans le *Codex gallicus,* avec l'addition ridicule, quoique réfléchie, d'un *non nihil muriatis sodi,* je l'avais employé dans un cas dont je vais donner l'histoire, et dans un autre que je rapporterai plus bas.

engorgement très considérable, je pourrais dire énorme, des deux seins. Cet engorgement était dur et raboteux; l'absence de la douleur me rassura sur la nature actuelle du mal, sans me tranquilliser néanmoins sur les suites. Sentant le besoin indispensable des remèdes qu'on appelle fondants, et n'en connaissant pas de plus efficaces que les préparations d'or, je me déterminai à y avoir recours. Quand même je n'y aurais pas été autorisé par mon expérience et par celle de plusieurs confrères qui ont eu la complaisance de m'instruire des succès qu'ils en avaient obtenus contre les affections scrophuleuses, je me serais décidé à en user, sur l'opinion qu'a énoncée le célèbre Dupuytren, dans une consultation écrite de sa propre main, et qui est en mon pouvoir : il y conseille à un scrophuleux qui avait un engorgement considérable du système glanduleux, de faire usage des préparations d'or, annonçant qu'il ne connaissait pas de remède aussi puissant contre les engorgements de la nature de celui-ci. Cet aveu me fait un double plaisir ; il est une déclaration formelle que cet habile praticien reconnaissait la propriété anti-scrophuleuse de mes préparations aurifiques, et une preuve bien authentique qu'on m'avait trompé en m'assurant qu'il n'en parlait jamais qu'avec dérision. J'ai vu également avec une vraie jouissance qu'il recommandait au malade de ne pas forcer la dose du remède (c'est l'oxide par l'étain qu'il ordonne), mais de l'employer long-temps, afin d'user, pour ainsi dire, le mal. J'ai dû être flatté de cette recommandation parcequ'elle annonce l'opinion que j'ai toujours eue, et que j'ai imprimée, de ne traiter que longuement et avec lenteur les maladies anciennes qui affectent toute la constitution. (Page 362, *Méthode iatraleptique.*)

Je soumis donc la femme dont il s'agit à l'usage du muriate d'or pur administré à l'intérieur. Un grain fut dissous dans huit onces d'eau distillée, et chaque matin à jeun la malade prit une cuillerée à bouche de cette dissolution dans une tasse d'une forte décoction de racine d'anonis. Chaque fois que la dissolution fut renouvelée, un grain de muriate fut ajouté à la dose précédente, et je parvins ainsi à douze grains, toujours dans huit onces de véhicule pris dans l'espace de douze jours. Cette dernière dose fut répétée cinq fois : la totalité du muriate s'éleva à 126 grains, et le traitement dura six mois et demi, la malade n'ayant pas suspendu un seul jour l'emploi du remède. L'engorgement, qui avait diminué d'une manière très sensible avait tout-à-fait disparu à cette époque. Les seuls phénomènes qui se présentèrent pendant ce traitement furent l'augmentation de l'appétit, des forces, et une abondante excrétion d'urines. M. le docteur Martinier, qui avait donné des soins à la malade avant que j'eusse été appelé, m'ayant dit quatre mois après que l'engorgement reparaissait, les moyens qui avaient déjà réussi furent employés de nouveau en recommençant par un grain de muriate, et après deux mois de leur administration ils furent abandonnés. L'engorgement n'existait plus; plusieurs années s'étaient écoulées sans que les seins fussent affectés, et le sujet avait joui, depuis le dernier traitement, d'une bonne santé, lorsqu'il fut atteint d'une hydropisie ascite, compliquée d'anasarque, à laquelle il succomba.

Je n'avais pas besoin de ce fait pour savoir que le muriate pur ingéré était supporté à de plus fortes doses que lorsqu'il était frictionné dans l'intérieur de la bouche, mais je n'en avais aucun qui pût me fixer sur celle à laquelle on pourrait administrer, par la méthode de Clare, la préparation que j'avais rejetée de ma pratique employée en friction sur la langue, à cause de sa trop grande causticité. Je fus bien aise de faire, à cet égard, quelques essais ; l'occasion ne se fit pas attendre.

Il se présenta chez moi deux sujets, dont l'un, d'une constitution délicate, était atteint de deux chancres sur le gland, sans aucune inflammation, et l'autre portait un goître volumineux. Je fis diviser, pour le premier, demi-grain de chlorure d'or pur associé à deux grains d'iris dépouillée de sa partie extractive, en seize fractions, et pour le second, d'une forte constitution et sanguin, un grain du même chlorure et trois grains d'iris en vingt-quatre; l'un et l'autre firent une friction par jour. A la huitième, le premier éprouva une excitation forte manifestée par une chaleur âcre de la peau, de l'altération dans le pouls, de la soif, sans aucun changement dans l'ulcération. Je fis abandonner les remèdes ; le second put aller jusqu'à la vingt-quatrième friction ; mais quand même le goître n'aurait pas diminué d'une manière sensible, je n'aurais pas poussé plus loin le traitement, par la crainte fondée de déterminer une apoplexie annoncée par une turgescence sanguine à la tête. Le pouls était plein et vif, la face vultueuse, les yeux étaient fortement injectés, sans que le sujet se plaignît de chaleur interne ; il eut des urines abondantes qui coulèrent encore en quantité pendant plusieurs jours.

Malgré la disparition du goître par l'administration d'un seul grain de chlorure d'or pur [1], je n'y aurai plus jamais recours en frictions.

[1] C'est ce chlorure que je m'étais interdit d'employer, comme on peut le voir dans mon ouvrage, page 340, à cause de son extrême déliquescence (ce qui suppose que j'entendais parler de son administration en friction) et de sa trop grande causticité;

Je n'ai pas besoin d'une préparation qui ait plus d'énergie que le muriate d'or et de soude, puisque, pendant l'emploi de celui-ci, il me faut quelquefois avoir recours à des moyens répressifs, ainsi que je l'ai dit dans ma Méthode iatraleptique, page 341.

Jusqu'à l'époque où j'ai imprimé ce que je rappelle, j'avais toujours, et pendant environ vingt ans, associé le muriate [1] à une poudre composée d'amidon, de charbon et de laque des peintres. Il y avait plus ou moins de décomposition, ce que M. Double ne manqua pas de faire observer dans la critique qu'il fit de mon nouveau remède anti-vénérien, et je n'en avais pas moins obtenu des succès assez constants pour que je pusse avancer avec certitude qu'il était rare que quatre grains de muriate ne fussent pas suffisants pour guérir dans les cas ordinaires de maladies syphilitiques primitives. Si ce que j'ai avancé à ce sujet se trouve démontré jusqu'à l'évidence par les expériences d'autrui, où M. Magendie voit-il la nécessité d'augmenter l'énergie d'un remède auquel il en reproche trop? S'il propose de remplacer l'iris par la poudre de lycopode, ce n'est (comme il le dit page 234) que pour éviter la

---

que les auteurs du *Codex gallicus* ont adopté. Ce qui me prouve qu'ils en redoutaient l'action, c'est la précaution qu'ils ont prise de recommander aux pharmaciens de ne le délivrer que sur l'ordonnance d'un homme de l'art. Quel motif a pu décider la substitution d'une préparation dangereuse à une préparation qui ne le devenait que par l'impéritie ou la malveillance de celui qui s'en servait? Je l'ignore; mais ce que je sais, c'est que mieux eût valu ne pas parler du muriate d'or, puisqu'on ne voulait pas insérer la formule de l'auteur.

[1] Alors mon muriate contenait un quart de sodium en excès, ce qui en diminue l'action, comparée à celle du muriate cristallisé.

décomposition qu'il craint de la part de la première substance, si elle n'est parfaitement réduite à la partie ligneuse, ce qui peut arriver souvent, sans anéantir l'efficacité du remède [1].

Mais n'aurait-il pas dû prévenir que la poudre de lycopode, laissant au muriate toute son activité, le praticien qui l'emploie ainsi préparée devra avoir plus de surveillance? Lorsque M. Figuier présenta son Mémoire sur la préparation du muriate d'or et de soude cristallisé, il ajouta, à ma prière, une note pour prévenir que, dans le cas qu'on administrât celui-ci, trois quarts de grain équivalent à un grain de l'autre non cristallisé. Sans blâmer la préférence que M. Magendie veut donner à la poudre de lycopode sur celle d'iris, une fois les praticiens prévenus, en adoptant même ce nouveau mélange, qui laissera au muriate bien préparé un degré uniforme d'activité, je crois important d'avertir que plusieurs fois ayant eu à traiter des sujets atteints de symptômes syphilitiques dans la bouche, l'arrière-bouche, même à la face, j'ai été obligé d'abandonner le muriate préparé à l'iris, à cause de l'irritation locale que l'action trop immédiate du remède procurait, et de me servir du muriate mêlé avec la poudre de char-

---

[1] J'ai acquis depuis long-temps la preuve de ce que j'avance, et je l'ai dit dans ma Méthode (page 398), en prévenant que, quoique le muriate d'or et de soude mis en petits paquets attirât l'humidité de l'air, il ne perdait pas d'une manière sensible de son action. J'ajouterai que le papier qui le contenait, uni au charbon, à l'amidon et à la laque, se colorait en pourpre, ce qui annonçait bien décidément plus ou moins de décomposition, et que je n'en guérissais pas moins. Peut-être le traitement aurait-il été, sans cette décomposition, un peu plus court; mais je n'ai jamais vu d'accidents.

bon, d'amidon et de laque. Il est probable que, si l'on veut avoir égard à mon observation, on sera plus souvent dans cette nécessité lorsqu'on emploiera le muriate uni à la poudre de lycopode, excepté qu'on ne l'administre à une dose plus faible. Ne courra-t-on pas alors le risque, pour éviter l'irritation locale, de ne pas produire ou de retarder l'excitation indispensable du système en général?

L'avertissement que je donne relativement au muriate administré sur la langue dans les circonstances indiquées, est bien plus essentiel, si on se sert en gargarisme de la dissolution de chlorure d'or et de sodium, qui n'est applicable que lorsque les symptômes s'accompagnent d'atonie, et même dans ce cas il ne faut pas en abuser, car à l'état atonique succède facilement un état contraire. Jamais je n'ai été témoin d'un changement pareil quand j'ai eu les malades près de moi; mais il a eu lieu quelquefois lorsqu'ils n'étaient pas sous ma direction immédiate, et notamment dans une occasion de la plus haute importance pour la réputation de mes préparations d'or.

Dans une des visites que je fis à Marseille au feu roi Charles IV ou à la reine, je fus consulté pour une dame à laquelle leurs majestés prenaient le plus vif intérêt. Elle était entachée d'un vice syphilitique très ancien, auquel on n'avait opposé aucun remède. Entre autres symptômes on remarquait des ulcérations étendues, quelques unes assez profondes, au voile du palais, à la luette, aux amygdales, dans l'arrière-bouche, toutes présentant un caractère atonique. Malgré l'opposition formelle du médecin et du chirurgien de leurs majestés à l'administration du muriate, ce remède fut adopté. Ce ne fut pas par entêtement que je me refusai aux préparations mercurielles, mais à cause des graves accidents qu'aurait entraînés leur emploi.

Le traitement devant être secret, la malade ne pouvait pas prendre de bains, et son estomac se refusait à toute boisson qui n'était pas en petite quantité : il ne supportait pas plus de six onces de liquide dans les vingt-quatre heures.

En prescrivant le muriate frictionné sur la langue, il fut convenu que la malade userait en gargarisme, matin et soir, d'une tasse de décoction d'orge, sur laquelle on aurait mis une cuillerée à café de dissolution d'un grain de ce sel dans six onces d'eau distillée.

J'étais de retour à Montpellier depuis six jours, lorsque je reçus du docteur Soria, premier médecin de leurs majestés, une lettre qui m'annonçait que la malade avait l'intérieur des joues, la langue, le palais, les gencives tout ulcérés, celles-ci très gonflées, et que l'inflammation était telle, que la déglutition n'avait lieu qu'avec des douleurs atroces. L'arrière-bouche étant affectée comme les autres parties, j'eus un vif regret d'avoir insisté sur un traitement que n'avait point approuvé mon confrère, et auquel il n'avait consenti que forcément. Un autre aurait pu profiter de cet accident pour nuire aux préparations d'or et à leur auteur; mais lui, philanthrope et loyal, me demandait ce qu'il fallait opposer à l'orage, m'annonçant qu'il avait fait discontinuer les frictions et les gargarismes, et qu'il usait des mucilagineux en attendant mes nouveaux avis. J'approuvai pleinement sa conduite, en lui marquant que l'accident dont il me faisait part ne pouvait reconnaître pour cause qu'un abus du gargarisme, ou une affection scorbutique que nous avions méconnue. A peine quinze jours furent-ils écoulés depuis ma réponse, que mon digne collègue m'instruisit qu'il n'existait pas de scorbut chez la malade; que la véritable cause de l'accident qui m'avait donné de l'inquiétude avait été l'emploi immodéré du gargarisme ; qu'on avait repris l'usage des frictions , et que tout allait au mieux. Le traitement, continué le temps nécessaire, eut le succès le plus complet.

Quoique j'aie dit plus haut que je renonce pour toujours à me servir en frictions sur la langue du chlorure d'or pur, je conçois pourtant qu'il pourrait devenir utile pour réveiller la sensibilité presque éteinte dans certains cas de maladie syphilitique ou d'autres ; si le chlorure d'or et de sodium était impuissant, donné même à forte dose, où si d'autres stimulants restaient sans action : je suis fondé à émettre cette opinion d'après les effets que j'ai vu produire au premier de ces chlorures administré en pilules.

Une femme de soixante ans, ayant passé depuis dix l'âge critique, réclama mes soins. Cette femme, d'un tempérament éminemment bilieux, était dans un état presque paralytique. La sensibilité était perdue dans tous les membres, et ce n'était qu'avec une peine infinie qu'elle pouvait changer de place lorsqu'elle n'était pas soutenue. Voulait-elle faire quelques pas dans son appartement après qu'on l'avait levée de dessus son fauteuil, il fallait qu'elle s'appuyât, tantôt d'une main, tantôt de l'autre, sur le dos des chaises qu'on avait placées à droite et à gauche, mais sans les saisir, le défaut de flexion des doigts ne le lui permettant pas. Elle ne pouvait satisfaire à aucun besoin sans des secours étrangers, si elle ne voulait pas, pour quelques uns, oublier les règles de la propreté. La tête était saine, et les fonctions organiques paraissaient d'ailleurs se bien faire.

Cet état avait commencé depuis dix-huit mois, après des évacuations abondantes de bile par haut et par bas ; il était parvenu peu à peu au point que je décris. Mes recherches pour lui assigner une cause probable ne m'éclairant pas, je crus ne devoir m'occuper que des indications prises du défaut de sensibilité et de mouvement. On avait mis en usage les adoucissants, les délayants, puis les excitants les plus énergiques à l'extérieur et en ingestion, mais sans arrêter le mal, qui au contraire allait toujours croissant. Je pensai à l'emploi du chlorure d'or pur. Avec un grain de cette préparation, et très peu de mucilage de gomme arabique, on fit douze pilules. La malade en prit une chaque jour dans la première cuillerée de soupe, à dîner. Dans la crainte de procurer de l'irritation, j'avais ajouté à l'administration de ce médicament celle du lait d'ânesse. Ce premier grain de chlorure n'ayant produit aucun mauvais effet, le second ne fournit qu'à onze pilules, le troisième à dix, et en décroissant d'une chaque fois qu'on en faisait de nouvelles. Je parvins à donner le chlorure à demi-grain par jour, dose qui fut continuée pendant plusieurs semaines.

Vers l'époque de l'administration du quatrième grain, on remarqua un peu de sensibilité à la peau, et moins de gêne dans les mouvements des extrémités, surtout des abdominales. En continuant le traitement, l'amélioration devint plus prononcée; la malade était parvenue à marcher pendant demi-heure, à l'aide d'un bâton, et à se servir de ses bras et de ses mains au point de porter celles-ci à la bouche, de se coiffer seule, de coudre et de broder. Malheureusement à l'époque où la malade éprouvait ce bien inattendu, on se rendait aux bains de Balaruc. On lui avait tellement dit que ces bains la guériraient complètement, qu'il me fut impossible de l'empêcher de s'y rendre. Forcé de céder à une volonté fortement prononcée, je conseillai d'user des bains avec ménagement, en défendant la boisson d'eau minérale, dont je redoutais l'abus, d'après le désir souvent exprimé par la malade d'être purgée, et motivé sur l'idée où on était que le dérangement de sa santé avait été occasioné par des congestions bilieuses qu'elle prétendait exister encore. Cette malade trouvant à Balaruc plusieurs personnes qui lui dirent ne s'y être rendues que pour se débarrasser de la bile, au mépris de ma défense, se livra à une boisson qui lui devint funeste. Elle obtint ce qu'elle désirait ardemment, des évacuations alvines. Informé de cette infraction à mes conseils, et effrayé des suites, j'écrivis pour faire abandonner la boisson de l'eau minérale qui offrait le double inconvénient de détruire par des évacuations abondantes les forces que j'avais eu le bonheur de relever, et d'établir une irritation fâcheuse sur l'estomac et les intestins. Mes nouveaux avis furent méprisés, la boisson fut continuée, et il s'établit une diarrhée qui, après avoir duré pendant un mois et demi, malgré tout ce que je pus lui opposer, fit succomber la malade revenue auprès de moi. La sensibilité et le mouvement des extrémités avaient perdu, mais il s'en était conservé assez dans les bras pour que la malade pût porter à la bouche ce qu'on lui servait. La faiblesse générale l'empêchait de se soutenir sur les jambes, en lui laissant néanmoins la faculté de les remuer plus librement dans le lit que lorsqu'elle arriva à Montpellier.

En convenant avec M. Magendie que la meilleure méthode pour l'emploi des sels d'or est celle des frictions dans l'intérieur de la bouche, et qu'en général l'hydrochlorate d'or et de soude est préférable, je ne frappe pas, comme il le fait, de proscription leur mélange avec les sirops, les extraits de plantes, ou avec d'autres substances végétales. Je ne m'élèverai pas contre l'opinion de MM. Duportal et Pelletier, qui disent que les matières végétales ou animales dissoutes ou non dissoutes décomposent la dissolution acide de l'or ; ni contre l'opinion de M. Proust, d'après laquelle il y a peu de sucs végétaux, acides, gommeux, sucrés, extractifs, qui n'aient la propriété de désoxider l'or (Formul. de M. Magendie). Ces messieurs parlent en chimistes, et je vais parler en praticien observateur.

Quand même je n'aurais pas la certitude que le chlorure d'or et de sodium dissous dans demi-gros d'alcool, et mis dans six onces de sirop de tussilage, éprouvant une décomposition presque instantanée, formant un précipité d'or métallique, contient cependant encore une quantité bien sensible du composé d'or qui se trouve toujours à l'état de chlorure; quand même je ne serais pas assuré que l'oxide d'or n'est point décomposé par les substances organiques; que les pilules, que les pommades conservent toujours la couleur propre à l'oxide d'or qu'on y a mêlé, et qui est bien différente de celle qu'on remarque dans les mêmes préparations faites avec l'or divisé; que des pastilles préparées avec l'oxide d'or, traitées par l'eau simple pour en séparer le sucre et la gomme, donnent un résidu qui est indubitablement de l'oxide d'or, puisque, soumis à l'analyse, il fournit du gaz oxigène et du métal; je n'en emploierais pas moins les préparations que M. Magendie veut qu'on rejette comme étant infidèles.

Si j'ai à traiter une maladie vénérienne constitutionnelle ou une syphilis même récente chez un adulte, je donnerai sans doute la préférence à l'hydrochlorate d'or et de soude en frictions, excepté que le sujet ne soit doué d'une grande sensibilité, très disposé à l'irritation, et dans ce cas j'aurai recours aux oxides, à l'or limé, à l'or divisé, ou enfin à la dissolution du muriate employée comme je l'ai dit plus haut. Je me conduirai de même pour le traitement des affections lymphatiques qui exigeront un certain degré d'excitation. Mais lorsqu'il s'agira de sujets jeunes, dont il faut ménager la sensibilité, auxquels il serait difficile de frictionner le remède, j'emploierai avec confiance le muriate dans tel ou tel sirop, approprié aux cas, ou les oxides unis aux extraits que l'expérience m'a démontré convenir le mieux à la maladie. Tous les jours je fais entrer ceux-ci dans des pastilles de chocolat que je donne à des enfants atteints d'engorgements lymphatiques, même scrophuleux, et je n'ai qu'à me louer de ce mode d'emploi. On le croira aisément si j'affirme (et je le fais) qu'il m'a servi à guérir plusieurs enfants du carreau parvenu au second degré, en leur faisant suivre, autant que possible, le régime qui convient le mieux au traitement des scrophules. Comme j'aime à me persuader qu'on ne doutera pas de ce que j'avance, je vais entrer dans quelques détails sur le mode d'administration des sirops avec addition de muriate, et sur celui des pastilles dont je viens de parler; ils épargneront des tâtonnements aux praticiens qui voudront m'imiter.

A dix onces de sirop anti-scorbutique de Portal (c'est celui que j'emploie ordinairement pour les enfants, en faisant supprimer le muriate suroxigéné de mercure qui entre dans sa composition), j'ajoute un grain de muriate d'or cristallisé, préalablement dissous dans un peu d'alcool. Je fais donner le sirop à une ou deux cuillerées à café par jour, étendu dans un véhicule agréable ou dans un peu d'eau, à un enfant de deux ou trois ans. La première dose de sirop épuisée, j'augmente l'action du remède en ajoutant un grain de plus de muriate à la quantité indiquée de sirop, dont je n'administre que le même nombre de cuillerées à café, ou en laissant le muriate à la même dose, et donnant quelques cuillerées de plus; pour les enfants au-dessus de quatre ans, je l'administre à une dose un peu plus forte. Il est superflu de dire que j'en observe les effets. Si je veux activer le remède sans augmenter la quantité du sirop, j'emploie le muriate en dissolution dans l'eau distillée, et je ne l'ajoute à l'excipient qu'au moment de l'ingestion, ainsi que je l'ai dit en parlant du muriate associé aux sudorifiques.

Les qualités toniques et excitantes du sirop antiscorbutique, même sans addition du muriate suroxigéné de mercure, étant bien reconnues, on se croirait fondé à n'accorder aucune part, dans les succès que je dis avoir obtenus, au muriate d'or ajouté à ce sirop. Mais, avant de se prononcer, qu'on lise l'histoire de la maladie qui a été guérie par l'emploi du sirop de tussilage avec addition du chlorure d'or et de soude ; on ne pourra pas, je pense, accorder au sirop l'honneur de la cure que MM. Portal et Alibert peuvent attester ; ils avaient soigné le malade, qu'ils avaient envoyé aux bains du Mont-d'Or comme dernière ressource, et ils l'ont revu jouissant de la plus brillante santé. Ces messieurs n'ont point ignoré que je l'avais soumis à l'usage du muriate mis dans du sirop de tussilage [1].

Ce sujet, né d'une forte constitution, avait joui de la plus brillante santé jusqu'à l'âge de vingt-deux ans ; par

---

[1] Dans un moment où le malade me laissait moins d'espoir que jamais, une personne qui y prenait le plus grand intérêt écrivit de Paris de faire passer un bulletin exact pour le soumettre aux deux habiles praticiens que j'ai nommés. Je rendis compte de l'état, en annonçant que le malade usait du muriate d'or et de soude dans le sirop de tussilage, que mon espoir se fondait sur ce seul remède, mais que cependant j'étais disposé à administrer ceux que mes honorables confrères proposeraient. Point de réponse ! Ou ils approuvaient le médicament, ou ils disaient avec Celse : *Melius est anceps adhibere remedium quam nullum.*

l'effet d'un travail forcé de cabinet et par un usage trop soutenu de la parole, il éprouva alors quelque fatigue à la poitrine. Consulté à cette époque, je conseillai le repos et les adoucissants; l'état du sujet s'améliora : mais comme il reprit les fonctions de sa profession (il était avocat), l'irritation de la poitrine reparut, elle augmenta, il s'établit dans le principe une toux sèche, fréquente; peu de temps après survint une petite fièvre augmentant le soir, s'accompagnant de sueurs nocturnes et d'expectoration abondante, comme on l'observe dans le catarrhe pulmonaire grave. Je n'avais pas vu le sujet depuis que sa santé avait été rétablie (il s'était écoulé cinq ou six mois), lorsqu'appelé dans le lieu qu'il habitait, je le trouvai dans l'état que je viens de décrire. Je prescrivis les escargots avalés crus, après les avoir dépouillés de leurs coquilles [1], et à défaut, les bouillons de tortue, la décoction de lichen d'Islande. J'appris quelque temps après que le malade s'étant tiré de cette position fâcheuse, était allé à Paris, où il s'était marié. L'abus des plaisirs du mariage, des excès de danse et quelques autres causes rappelèrent la maladie, qui exigea les soins de MM. Portal et Alibert. Bientôt ces deux honorables confrères voyant l'insuffisance des moyens qu'ils avaient employés, se décidèrent pour les bains du Mont-d'Or, qui n'eurent d'autre effet sensible que de relever un peu le ton des organes épigastriques.

[1] En nommant ces mollusques, je ne puis pas me taire sur les bons effets que je leur ai vu produire administrés crus. Mon jeune ami, le docteur Legrand, est chargé par moi de la publication d'un travail que je lui ai confié, et qui constatera la haute efficacité de ces mollusques, ingérés dans le traitement des maladies du poumon et du larynx.

Le malade, au retour de ces bains, se fixa à Montpellier, où il resta quelque temps sans faire de remèdes et sans s'imposer les privations qu'exigeait son état de santé ; mais s'apercevant que celle-ci dépérissait, il me fit prier de le voir. Il avait une fièvre continue avec exacerbation, quelques sensations pénibles dans la poitrine, de la gêne dans la respiration, une toux plus fréquente que jamais avec une expectoration beaucoup plus suspecte et d'une très grande abondance ; en outre, diminution de l'appétit, des forces et de l'embonpoint. Si le malade n'avait point eu de cautère, j'en aurais fait appliquer ; les escargots furent repris, la décoction de lichen d'Islande fut conseillée. Forcé d'abandonner les premiers, je les remplaçai par des bouillons dont j'ai parlé plus haut, mais rien n'opéra. L'état du malade empira ; il y eut augmentation des symptômes ci-dessus énoncés, et il s'y joignit de l'insomnie, des vomissements provoqués par la toux, l'altération de la voix, des sueurs nocturnes, de la diarrhée, l'enflure des extrémités inférieures et une telle faiblesse, que le malade, marchant avec la plus grande peine dans son appartement, allait le corps tout plié quand il n'était pas soutenu.

Vu l'insuffisance des moyens employés jusqu'alors, encouragé par les services que m'avait rendus le muriate d'or et de soude dans des cas d'affections de poitrine de la nature de celle-ci, mais infiniment moins avancées, je me décidai à avoir recours à cette préparation mise dans le sirop de tussilage administré dans la décoction de lichen, qui n'avait pas été abandonnée. Je commençai par un grain sur dix onces d'excipient, dont le malade prit matin et soir une cuillerée à bouche dans une tasse de décoction de deux gros de lichen (demi-once par jour). Après un mois, le muriate fut augmenté de demi-grain, mis toujours sur

4.

dix onces du même sirop, et enfin il fut porté à deux grains. La dose totale employée en dix mois et demi a été de soixante-quatre grains : cinq, du 9 avril 1822 au 10 mai; trente-trois, du 13 de ce mois au 2 novembre; et vingt-six, du 13 novembre au 19 février 1823, une nouvelle augmentation de demi-grain ayant eu lieu. Cette note de la quantité du sel aurifère consommé a été copiée sur les registres du pharmacien.

Je ne suivrai pas jour par jour les effets salutaires du traitement. Pendant le premier mois, les accidents restèrent stationnaires; depuis cette époque ils furent en décroissant, et la convalescence fut bien établie lorsque le malade eut pris les deux derniers grains de muriate. A dater de ce moment, plus de quatre ans se sont écoulés sans que le sujet ait eu à se plaindre de sa santé, quoiqu'il ne se soit point imposé plus de privations qu'avant d'être malade.

Pour être bien sûr qu'il n'y avait rien d'altéré dans les détails, j'ai communiqué cet historique au père de l'individu; il était toujours resté auprès de son fils, excepté pendant le séjour de celui-ci à Paris; il s'est parfaitement rappelé toutes les circonstances de la maladie, et il a trouvé mon exposé de la plus grande exactitude.

Quel nom donner à cette maladie? L'appellerai-je catarrhe pulmonaire, phthisie scrophuleuse? Jamais le vice scrophuleux n'a existé dans la famille du sujet, chez lequel il ne s'en est jamais rien manifesté. Dirai-je phthisie tuberculeuse? Celle-ci, d'après l'opinion la plus généralement reçue, est la même que la précédente. Mais n'importe! mon intention n'est pas de présenter le muriate comme opérant des miracles. J'ai voulu prouver que cette préparation ne se décomposait pas complètement dans les sirops. Les praticiens tireront le parti qu'ils jugeront convenable du fait que je viens de rapporter.

Si je cherche à défendre le mélange du chlorure d'or et de sodium avec les sirops, en m'appuyant sur des faits qui doivent l'emporter sur tous les raisonnements, je passe condamnation pour ce qui concerne son association aux extraits, en convenant qu'il peut en résulter une préparation infidèle : cependant l'expérience pratique et l'analyse chimique, qui me mettent dans le cas d'apprécier jusqu'à quel point la décomposition a lieu [1], me fournissent des ar-

---

[1] D'après les expériences de M. Chamayou, pharmacien distingué de Montpellier, qui s'est occupé long-temps des préparations d'or sous les auspices de MM. Figuier, les pilules contenant chacune un douzième de grain de chlorure d'or et de sodium préparées dans :

Fécule de pomme de terre	48 grains.
Gomme arabique en poudre	12
Chlorure d'or et de sodium	2
Eau distillée	12
Pour vingt-quatre pilules,	

sont réduites par la décomposition qu'elles éprouvent à un vingtième de grain chacune à peu près. Les mêmes pilules, faites à un quart du même chlorure, reviennent par la décomposition à un quinzième. Celles préparées à un douzième de grain de chlorure pur ont été ramenées à un seizième de grain. La décomposition serait plus forte si on mêlait le muriate avec des extraits ; mais il ne serait pas plus difficile de savoir à quel degré elle a lieu. Il faudrait à la vérité augmenter la dose du chlorure d'or ; une dose faible ne permettant pas à l'analyse d'obtenir des résultats affirmatifs.

Si je pense, comme M. Magendie, qu'il vaut mieux ne pas mêler le muriate avec les extraits, je ne renonce pas au mélange du saindoux avec le muriate. Je n'ai employé qu'une seule fois (avec le plus grand succès et par essai) la pommade qui en ré-

mes pour prendre sa défense, mais je ne vois pas la nécessité d'en user, parceque depuis long-temps je ne mêle plus aux extraits le muriate, que je remplace par les oxides, quoi que puisse dire M. Proust de leur décomposition, d'après ce que je lis dans M. Magendie. Il y a long-temps que j'ai la conviction du contraire; mais pour que M. Magendie ne me croie pas sur parole, je vais présenter le résultat des expériences qu'a faites à ma prière M. Porché, professeur agrégé à la Faculté de médecine de Montpellier, chirurgien en chef de la maison de détention, homme de mérite et judicieux observateur : « Marie F..., âgée de vingt-cinq ans, d'un
» tempérament lymphatique, me consulta vers la fin du mois
» de mars dernier. Elle était atteinte de blennorrhagie, de
» chancres à la vulve, d'un bubon et d'excroissances syphi-
» litiques au périnée : la blennorrhagie et deux des chan-
» cres existaient depuis quatre mois. M. le docteur Chres-
» tien m'ayant témoigné le désir de s'assurer d'une manière
» qui ne laissât pas le moindre doute si les guérisons qu'il
» avait obtenues par l'emploi de divers extraits auxquels il
» avait mêlé les oxides d'or, et notamment par celui du
» *daphne mezereum*, étaient dues à l'excipient ou aux oxides,
» je saisis avec empressement l'occasion qui se présentait,
» et je prescrivis à la malade l'extrait ci-dessus sans aucune
» addition. Je l'avais fait mettre en pilules de deux grains.
» Elle en prit trois par jour pendant quatre jours, cinq par

sulte dans le traitement d'une syphilis ; mais je m'en trouve trop bien en frictions sur les périostoses, pour ne pas m'en servir toutes les fois que l'occasion s'en présentera. Quoique par le mélange que MM. Duportal et Pelletier blâment, il s'opère une décomposition, elle n'est pas assez complète pour que cette pommade, mise sur la langue long-temps après sa préparation, n'y laisse la saveur acerbe qui prouve la présence du muriate.

» jour pendant une semaine, et pendant trois autres, six
» par jour. J'y joignis l'usage de quelques bains entiers,
» d'applications résolutives sur le bubon, de lotions avec
» une dissolution aqueuse du même extrait sur les chancres
» et les excroissances; j'eus même recours pour les der-
» nières à la cautérisation avec le nitrate d'argent.

» Voyant, après trente-quatre jours de traitement, que
» la malade n'était pas mieux, que les symptômes s'aggra-
» vaient au contraire, puisqu'il était survenu un chancre
» de plus sur la lèvre inférieure, et que les excroissances
» augmentaient, que des douleurs profondes dans les mem-
» bres étaient venues troubler le repos pendant le jour, et
» particulièrement la nuit, je crus ne devoir pas pousser
» plus loin un remède dont l'insuffisance tout au moins
» m'était démontrée, et je me décidai à remplacer les pi-
» lules que j'administrais par d'autres du même extrait, du
» même poids, avec addition sur chacune d'un dixième
» de grain d'oxide d'or par l'étain. Peu de jours après l'em-
» ploi de celles-ci, qui avaient été prises au nombre de deux
» en débutant, j'observai les changements les plus heureux.
» Le mieux a été croissant par l'administration soutenue
» des mêmes pilules, dont j'ai porté successivement la dose
» à dix par jour, et aujourd'hui, un mois après en avoir
» commencé l'usage, tous les symptômes ont disparu, à l'ex-
» ception d'une perte blanche, que je juge n'être pas de
» nature syphilitique.

» La même expérience comparative, faite sur les sujets
» scrophuleux, a offert le même résultat : je n'ai observé
» nul effet de l'emploi de l'extrait seul, et il n'a été marqué
» en bien qu'après l'addition de l'oxide.

» *Signé* Porché. »

De pareils résultats ne m'autorisent-ils pas à croire que, quand-même au moyen des agents chimiques, on démontrerait la décomposition de l'oxide d'or quand il est mêlé avec des extraits, elle ne s'opère pas dans l'estomac, vu que la quantité d'or métallique qui resterait serait si faible qu'on ne devrait lui attribuer aucune action? Voudrait-on en accorder à l'étain qui, désoxidé, se retrouverait en substance? J'ai la preuve que ce métal, mis en oxide, et frictionné sur la langue, à de très fortes doses et pendant long-temps, ne jouit d'aucune propriété. C'est encore M. le docteur Porché, qui a bien voulu faire des expériences pour m'éclairer sur la manière d'agir de cette dernière préparation.

Quoi qu'il en soit, malgré l'opinion de M. Proust et celle de tous les chimistes qui me prouveraient, à ne pouvoir en douter, que la décomposition de l'oxide ingéré a lieu; comme praticien qui n'a pas de guide plus sûr que l'observation, je l'emploierai comme j'ai fait jusqu'aujourd'hui. Je mêlerai avec tel ou tel extrait l'oxide par la potasse ou celui par l'étain, qui a un peu plus d'énergie que le premier, et je continuerai à user, pour les enfants, de l'une de ces deux préparations mises dans des pastilles de chocolat. Pour ceux d'un âge tendre (d'un à deux ans), je fais mettre un seizième de grain par pastille, et j'en donne une chaque jour dans l'intervalle des repas. Cette première quantité épuisée, un nouveau grain d'oxide ne fournit qu'à quinze, un troisième à quatorze, et, en faisant une pastille de moins chaque fois qu'on en prépare de nouvelles, je parviens à en administrer un huitième, même un sixième de grain par jour. Chez les sujets plus âgés, je commence par un quatorzième, par un douzième, quelquefois par un dixième de grain, et je fais toujours suivre les progressions que j'ai établies ; ayant égard néanmoins aux circonstances qui exigeraient une diminution de la dose ou la suspension du remède.

Jamais je n'ai traité de maladies vénériennes ni d'autres affections du système lymphatique chez les adultes par les pastilles dont il est question ; mais je suis dans la plus ferme persuasion qu'on guérirait par ce mode d'administration [1]. Ne guérit-on pas la syphilis par l'emploi à l'intérieur des préparations mercurielles ? ne donne-t-on pas par ingestion les remèdes antiscrophuleux lorsqu'on n'a pas recours aux préparations d'or frictionnées sur les gencives ou sur la langue ? n'ai-je pas guéri plusieurs fois le carreau, même très avancé, par l'usage à l'intérieur de ces pastilles ? les expériences de M. Porché laissent-elles le moindre doute sur l'efficacité de l'oxide ingéré, qu'il soit décomposé ou non ? Quoiqu'elles me paraissent concluantes, elles ne me suffiraient pas pour établir les preuves irrécusables que je désire, attendu qu'on voit tous les jours deux substances médicamenteuses, administrées séparément, ne produire aucun effet salutaire, tandis que, réunies, elles jouissent de beaucoup d'efficacité, si je n'avais par-devers moi nombre de faits qui me prouvent l'action puissante des oxides d'or ingérés, après les avoir unis à des substances inertes.

Mais si, dans tous les cas, l'on adoptait l'emploi par in-

[1] Le docteur Legrand m'écrit qu'il a dans ce moment en traitement une jeune dame qui porte sur la langue un chancre qui a envahi le tiers postérieur de cet organe. Il lui donne l'oxide d'or par la potasse incorporé dans des pastilles de chocolat. Il n'a, du reste, fait que continuer un traitement commencé par notre honorable confrère, le docteur Dubreuil. Cette dame éprouve une amélioration si considérable, qu'on peut considérer sa cure comme très prochaine.

gestion des préparations d'or, qu'il faudrait alors élever à de plus fortes doses que lorsqu'on s'en sert par la méthode de Clare, on perdrait l'avantage d'attaquer plus directement le mal sans fatiguer l'estomac, en faisant au contraire courir le risque d'une *gastrite des plus intenses, laissant à sa suite une irritation extraordinaire qui s'est soutenue pendant trois ans*, comme l'a vu M. Magendie : il faut dire que sans doute l'individu qui éprouva ces accidents avait pris mal à propos le muriate, et qu'il eût fallu lui administrer les oxides dont l'action est infiniment plus douce ; et encore en les surveillant dans leurs effets, car le médecin ne doit jamais oublier la maxime que commande l'humanité, *si non proses, saltem non noces !*

C'est parceque j'ai toujours été pénétré de l'importance de cette maxime, que j'ai mêlé à très petites doses, le muriate d'or et de soude avec l'extrait de garou, lorsque j'ai voulu donner, dans le principe, ce médicament à l'intérieur. J'ignorais à cette époque que l'extrait procurât une décomposition, et que les préparations d'or ingérées pussent, sans inconvénient, être portées à des doses plus fortes que quand on s'en sert en frictions. Une fois que j'ai su que le muriate à un soixantième de grain ne pouvait qu'être entièrement décomposé, je lui ai substitué l'un ou l'autre oxide, ainsi que je l'ai dit plus haut, mais sans chercher à établir, comme l'a fait M. Magendie (page 235 ; sixième édition, page 254), qu'on pouvait remplacer six grains de ceux-ci par un grain de muriate triple. Je ne l'ai point dit dans mon ouvrage, et il n'y a rien qui annonce que j'aie voulu faire des expériences comparatives entre ces différentes préparations. Peut-être M. Magendie a-t-il raison, quoique je ne croie pas que, quand même il n'y aurait pas décomposition du muriate, un grain de cette substance pût équivaloir, pour l'effet, à six grains d'oxide dans ce mode d'administration.

J'avoue cependant que j'ai peine à me persuader que, malgré la décomposition qu'il a subie par son mélange avec l'extrait de garou, ce dernier ait agi seul dans les guérisons que j'ai obtenues et que j'ai rapportées fidèlement dans ma Méthode iätraleptique, si je raisonne surtout d'après l'insuffisance que M. Porché lui a reconnu lorsqu'il l'a employé, sans addition d'oxide. Le muriate même en se décomposant, ne communique-t-il pas à l'extrait un mode d'action qu'il n'aurait pas sans cela? Ce serait à l'expérience à prononcer sur ce point. Je ne vois pas, du reste, quel avantage il y aurait à résoudre le problème, toutes les fois qu'on peut user de l'oxide.

Les médecins qui s'efforcent de prouver qu'il n'existe pas de virus vénérien, et qui ne considèrent les symptômes primitifs qu'on attribue à ce virus que comme des inflammations locales qu'on ne doit traiter que par le repos et les antiphlogistiques; de même que ceux qui, sans nier l'existence du virus, adoptent la même méthode et veulent proscrire le mercure dans le plus grand nombre des cas, si ce n'est pas dans tous, seront fort étonnés que je choisisse ce moment pour donner quelques instructions sur l'administration des préparations d'or : et cependant jamais circonstances ne m'ont paru plus favorables.

Je ne prétends pas élever de discussion pour établir si les premiers ont tort ou raison de nier l'existence du virus syphilitique; et si les seconds sont fondés à rejeter du traitement des symptômes primitifs toutes les préparations mercurielles, en attribuant à celles-ci, quand elles ont été administrées contre ces symptômes, la gravité des maladies secondaires; mon intention est seulement de signaler les avantages qu'il y aurait, en adoptant l'une et l'autre opinion, d'avoir recours aux préparations aurifiques.

Ceux qui nient l'existence du virus regardent comme radicalement guéris, et à l'abri de toutes maladies suite de la première, les sujets qui, ayant eu des chancres, des bubons, des excroissances, en ont été délivrés par le repos et les antiphlogistiques; il faut, d'après cela, placer dans la même catégorie les individus chez lesquels les symptômes énoncés ci-dessus ont disparu sans aucun remède. Les exemples du contraire sont trop nombreux et trop frappants pour que j'aille m'occuper d'en citer : ce que je dis pour ceux qui ne croient pas au virus doit s'appliquer aux auteurs qui, en l'admettant, proscrivent le mercure en lui adressant le reproche de faire plus de mal que de bien, et d'occasioner même la vérole constitutionnelle, qu'on a regardée jusqu'à présent comme le produit des symptômes primitifs négligés ou dissipés par un mauvais traitement ou par des remèdes abandonnés trop tôt, quoique bien choisis.

Si je puis présenter un grand nombre de sujets traités et guéris depuis trente-huit ans par l'emploi des préparations d'or, de chancres, de bubons, d'excroissances, enfin des symptômes qui constituent la syphilis primitive, qui jouissent de la plus brillante santé, dont les femmes et les enfants n'ont jamais éprouvé le plus léger signe d'infection vénérienne; si ces mêmes sujets, en tenant secrète leur maladie, ont pu, pour la plupart, vaquer à leurs occupations ordinaires et journalières de quelque nature qu'elles fussent, guérir avec la certitude de ne plus voir reparaître les symptômes dont ils avaient été délivrés, et de plus graves encore : le remède qu'ils ont mis en usage ne doit-il pas être préféré par ceux qui font consister la guérison dans la disparition des symptômes primitifs, qui leur laisse toujours, quoi qu'ils en disent, la crainte que dans un temps reculé, il ne survienne des accidents très fâcheux tenant à la même cause? J'ai l'amour-propre de croire que la majeure partie des praticiens sera pour l'affirmative, à moins qu'ils ne donnent la préférence au mercure.

Je suis le seul, j'en conviens, dans le cas de citer des guérisons obtenues par ma méthode qui se sont soutenues depuis trente-huit ans, mais je suis à même d'en présenter un nombre considérable qui ont été opérées au moyen de mes préparations d'or, il y a plus de quinze ans, et qui ne se sont point démenties. Les confrères de qui je tiens les observations m'en ont donné l'assurance la plus positive.

Les fâcheux effets que quelques médecins ont vu produire au muriate doivent-ils être attribués à ce remède ou à sa mauvaise administration, si ce n'a été à une fausse application? M. Magendie, en annonçant qu'à une dose faible le muriate avait produit une gastro-entérite des plus intenses, déclare qu'il avait été donné mal à propos.

Ne suis-je pas autorisé à considérer comme suite d'une mauvaise administration les phénomènes observés par M. Cullerier neveu, que j'ai détaillés plus haut, chez la majeure partie des individus qu'il a soumis à l'emploi de mon muriate?

Si j'avais été témoin de pareils effets, je n'aurais pas manqué de le dire en publiant ma Méthode, et s'ils se fussent répétés aussi souvent que ce dernier paraît les avoir vus, en faisant connaître les grands avantages que j'avais retirés de l'or divisé et des oxides, je n'aurais pas parlé de l'hydrochlorate d'or pur.

Pour prouver que, s'il n'y a pas de mauvaise administration de la part de M. Cullerier, il a été bien malheureux dans l'usage qu'il a fait du muriate, je ne mettrai pas en avant l'opinion du docteur Gozzi, qui, ainsi que je l'ai dit, déclare que les préparations d'or sont d'une grande innocuité, ni celle de M. Niel, qui tient le même langage, mais je rappellerai les observations de M. Destouches, qui a guéri à la caserne dix-neuf sujets atteints de syphilis primitive, et sans qu'ils aient suspendu leur service : je rappellerai encore celle de M. Mignot, qui a opéré dix guérisons de la même maladie avec les mêmes circonstances, et je transcrirai les lettres que j'ai reçues de M. Audibert, médecin en chef de l'hôpital militaire de Mont-Dauphin, la première en date du 30 juillet 1824.

« Les observations que j'ai recueillies depuis deux ans,
» me marque ce confrère, sont trop nombreuses, et mes
» occupations trop multipliées pour vous donner des dé-
» tails; je me bornerai donc à vous assurer que pendant
» ce laps de temps j'ai guéri cent quatre-vingt-six véné-
» riens par l'emploi seul du muriate d'or et de soude; que
» j'ai été assez heureux pour n'avoir perdu aucun de mes
» malades. Le régiment qui depuis dix-huit mois com-
» pose la garnison du département m'a fourni l'occasion
» d'observer qu'il n'est point rentré un seul des sujets que
» j'avais traités. Vous ne devez pas douter que parmi ce
» grand nombre j'ai eu des maladies graves, chroniques et
» récentes. Je dois également vous dire combien dans ma
» pratique civile votre muriate m'a été utile pour les pauvres
» et pour quelques individus guéris sans aucun inconvénient
» et en secret au sein de leur famille. »

Il est probable que si les individus que M. Audibert a soumis à l'administration du muriate avaient éprouvé la

série des accidents observés par M. Cullerier, il n'aurait pas manqué de m'en faire part, et qu'il n'aurait pas terminé sa lettre en m'annonçant des *guérisons sans inconvénient*, dans la supposition qu'il eût commis un oubli de la plus haute importance, puisqu'il s'agit de la vie des hommes; il l'aurait sans doute réparé dans la seconde lettre qu'il me fit l'amitié de m'écrire en date du mois de novembre 1826, en m'envoyant le relevé de l'exercice de l'hôpital pendant les années 1823, 24, 25, et 26, qui ont fourni deux cent soixante-six vénériens, pour lesquels il a été consommé neuf cents grains de muriate [1]. M. Audibert me fait observer de ne pas calculer la consommation du remède en raison du nombre des malades, vu qu'il y a eu des maladies légères qui n'ont point nécessité l'usage des préparations d'or; mais que toutes les autres maladies récentes, anciennes et graves, ont été traitées par le muriate. « J'ai vu, me
» dit cet estimable praticien, que les syphilis primitives et
» récentes cédaient au quatrième ou au cinquième grain,
» tandis que j'ai été forcé de porter la dose à neuf et à dix
» grains dans quelques cas de maladies des plus graves; je
» puis vous fournir la preuve évidente, si vous le désirez,
» qu'il n'est rentré à l'hôpital qu'un seul malade ayant fait
» usage du muriate.

» Je crois devoir vous communiquer, ajoute mon con-
» frère, que sur un sous-officier la marche des chancres au
» fond de la gorge était si rapide, que je hasardai d'associer
» au muriate les frictions mercurielles à la dose de deux gros
» de pommade : un jour le muriate à un dixième de grain,

---

[1] On retrouvera toutes ces pièces, que je puis nommer *justificatives*, dans l'ouvrage du docteur Legrand, que j'ai annoncé, au commencement de cette lettre, comme devant paraître très prochainement.

» et le jour suivant la friction mercurielle : tisane de salse-
» pareille, nourriture adoucissante en petite quantité. Huit
» bains furent administrés en vingt jours ; le vingt-cin-
» quième jour plus de progrès. Tout fut cessé, hors le mu-
» riate, employé constamment à la même dose jusqu'à con-
» sommation du dixième grain. Le malade sortit au cin-
» quième mois se portant on ne peut mieux [1]. »

D'après ce que je viens d'exposer et que je pourrais appuyer d'un nombre très considérable d'observations, ne suis-je pas en droit de considérer ces préparations comme aussi spécifiques que le mercure contre la syphilis, quoique M. Cullerier oncle refuse aux premières toute spécificité ? Se prononce-t-il ainsi parceque ni lui, ni son neveu, n'ont pas réussi aussi constamment que M. Audibert, que le docteur Gozzi, que le docteur Niel, et que plusieurs autres médecins dont les observations seront publiées ? Mais à quelles causes faut-il attribuer la différence qui existe

---

[1] Quoiqu'il paraisse, dans le cas rapporté par M. Audibert, que l'honneur de la cure appartient plus à la préparation d'or qu'au mercure, je crois que celui-ci n'a pas été inutile. Ces deux substances, employées comme médicament, ont le même mode d'action, malgré quelques modifications dans leurs manières d'agir, surtout lorsque, sans les employer simultanément, on fait succéder l'emploi de l'une à celui de l'autre, avant que l'action de la première ait cessé. J'ai observé que des symptômes syphilitiques, restés stationnaires sous l'administration de l'une d'elles, s'amendaient par l'usage de l'autre dans une période de temps infiniment plus courte qu'on n'aurait dû s'y attendre. Je ne chercherai pas à expliquer le pourquoi, mais cela est ; et en supposant qu'on voulût prononcer sur la plus grande efficacité de l'un ou de l'autre remède, il ne faudrait pas choisir les cas où on les emploierait en remplacement et à court intervalle, l'avantage étant toujours pour le dernier minéral administré.

entre les résultats obtenus par les praticiens que j'ai nommés et ceux moins satisfaisants obtenus par MM. Cullerier.

Si tous ceux qui ont eu des succès presque constants, s'étaient, comme M. Audibert, procuré le muriate à Montpellier, je pourrais penser que cette différence dépend de la préparation, quoiqu'il fût inconvenant de croire que les pharmaciens de cette ville préparent mieux que ceux de Paris ; mais comme le praticien de Bologne, celui de Marseille et une infinité d'autres se sont servis de chlorure préparé chez eux, il faut en chercher une autre. Quelle est-elle ? Il ne me serait peut-être pas difficile de l'assigner, d'après les reproches mal fondés que MM. Cullerier adressent à mon muriate. Tout n'est pas bon à dire; il faut, dans certains cas, laisser à deviner.

Il est donc écrit que nous ne pouvons pas nous trouver d'accord avec M. Cullerier oncle : d'après ce que dit M. Magendie, en terminant son Formulaire (6ᵉ édition, page 256), ce chirurgien a fait quelques essais avec l'hydrochlorate de platine et de soude, et les résultats sont les mêmes que ceux que lui a donnés le même sel à base d'or.

Je n'ai point expérimenté avec l'hydrochlorate de platine, mais long-temps avant que M. Cullerier fît des essais avec cette préparation, j'avais fait des expériences avec le platine limé dans le traitement de la syphilis et des scrophules, pour comparer ses effets à ceux de l'or en substance mis aussi en poudre au moyen de la lime. Quoique par l'usage du premier, frictionné sur la langue, j'aie vu quelques symptômes syphilitiques éprouver de l'amendement, et des engorgemens de nature scrophuleuse être dissipés, les effets que j'ai obtenus n'ont pas été, en général, assez satisfaisants pour que je le mette au même rang du mercure, et bien moins encore de l'or [1]. Je ne pouvais avoir aucun motif pour désirer que le dernier eût plus d'efficacité que le platine : j'aurais souhaité au contraire que celui-ci eût mieux valu que l'autre. Avoir découvert un remède plus utile que les préparations d'or! Oh! c'est alors que j'aurais dit avec jouissance : Pour le coup, j'ai bien mérité de l'humanité!

Ma lettre était terminée; mais une nouvelle lecture du Formulaire de M. Magendie, pour ce qui concerne mes préparations d'or, afin de m'assurer si je n'avais pas laissé quelque chose à relever, m'a signalé une omission.

Cet auteur, en parlant d'un mode d'administration que des circonstances particulières avaient engagé M. Niel d'adopter, rend un compte exact du procédé, mais il se trompe en parlant des remèdes employés et de leurs doses surtout. Si jamais un homme de l'art, se fiant à ce que dit M. Magendie dans son Formulaire, voulait se servir du nouveau mode du praticien de Marseille, il ne pourrait qu'échouer, et regarderait M. Niel comme un enthousiaste qui s'est fait illusion, ou comme un homme de mauvaise foi. Pour prouver qu'il n'est ni l'un ni l'autre, je rapporterai les deux observations relatives à ce nouveau mode, après avoir copié ce que dit M. Magendie à ce sujet dans son Formulaire.

« M. le docteur Niel, dit M. Magendie, page 235 (6ᵉ édi-
» tion, page 254), qui a écrit sur l'emploi des préparations
» d'or, a conseillé une méthode particulière pour leur
» emploi; lorsque l'état de la langue ou de l'intérieur de

---

[1] Ce que je dis au sujet du platine se trouve consigné dans le mémoire que j'ai envoyé à l'Institut il y a quatorze ans, et qui est maintenant entre les mains du docteur Legrand.

» la bouche ne permet pas de faire des frictions sur ces
» parties ; voici en quoi consiste cette méthode :

» On met le derme à nu sur l'un des côtés du cou, en
» y établissant une languette épispastique, et on panse
» matin et soir ce vésicatoire avec le mélange suivant :

  ♃ Axonge...................... demi-gros.
   Or divisé par le mercure........ 1 grain.

» On augmente graduellement la dose de l'or divisé jus-
» qu'à deux grains, et on remplace la première pommade
» par celle-ci :

  ♃ Axonge...................... demi-gros.
   Muriate d'or et de soude........ 1 dixième de grain.

Un extrait des observations de M. Niel suffirait sans doute pour démontrer ce que j'avance ; mais comme elles offrent le plus grand intérêt, je les transcrirai en entier. Le lecteur qui connaît l'ouvrage de ce médecin aura du plaisir à les lire de nouveau, et l'homme de l'art qui ne le connaît pas me saura gré de lui présenter des faits qui lui fourniront un nouveau moyen d'être utile.

« Un homme âgé de quarante-sept ans avait contracté
» plusieurs blennorrhagies qui toutes avaient été traitées
» assez légèrement ; la dernière, déclarée depuis dix ans,
» avait duré un peu plus de six mois : pour en arrêter le
» cours, on fut obligé d'user d'injections astringentes, à ce
» qui me fut rapporté. Vers la mi-août 1813, cet individu
» commença à éprouver un sentiment de gêne dans la gorge.
» Ce sentiment incommode prit avec rapidité un caractère
» très alarmant, et à l'époque où je fus consulté (8 dé-
» cembre 1813) son état offrait les symptômes suivants :
» ulcères aux piliers et sur la luette détruite en grande
» partie ; voile du palais et face interne des joues phlogosés
» et ulcérés ; langue et gencives couvertes d'ulcères et de

» petites pustules dures, blanchâtres et de la grosseur d'un
» grain de millet ; ulcères nombreux, fongueux et plus ou
» moins larges sur le front et le cuir chevelu ; douleurs
» dans les membres inférieurs, peau aride, paume des
» mains brûlante ; fièvre le soir, impossibilité d'avaler
» autre chose que des soupes liquides ; maigreur extraordi-
» naire, insomnie. Cet homme avait subi, un an aupara-
» vant, un traitement mercuriel bien dirigé, et venait de
» terminer le traitement arabique [1] auquel j'ai vu opérer
» plusieurs fois des effets miraculeux dans des cas de
» cette nature. Quelque peu d'espérance qu'offrît une
» pareille situation, elle ne me rebuta cependant pas ; le
» mercure avait été employé sous diverses formes ; les
» sudorifiques avaient été épuisés ; d'autres moyens moins
» énergiques ne promettaient que de trop faibles res-
» sources : les préparations d'or présentaient des diffi-
» cultés et des obstacles dans leur administration, l'inté-
» rieur de la bouche étant inaccessible au frottement ; mais
» ces difficultés pouvaient être levées ; il fallait suivre une
» route nouvelle : voici comment je m'y pris.

» Bien convaincu, d'après l'expérience, que l'oxide d'or,
» par ingestion, agit trop lentement pour produire tout seul
» un changement que la nature des symptômes rendait
» urgent, je me déterminai, en administrant cette prépa-
» ration, à faire absorber l'or par une voie artificielle ; je
» plaçai donc une languette épispastique sur l'une des parois
» latérales du cou, et après avoir mis le derme à nu, je
» le fis panser matin et soir avec un peu de saindoux uni
» à un grain d'or divisé par le mercure. L'oxide d'or était
» en même temps donné par forme pilulaire à la dose d'un

---

[1] C'est un traitement mercuriel.

» grain par jour. Au bout de huit jours j'augmentai la dose
» de l'or divisé et de l'oxide d'un demi-grain chacun. Au
» quinzième jour l'excoriation artificielle se guérissant, je
» la rafraîchis avec un peu de pommade épispastique, et je
» remplaçai ensuite l'or divisé par un dixième de grain de
» muriate d'or et de soude, en l'unissant toujours avec le
» saindoux ; je m'étais attendu à l'inflammation de la petite
» plaie, et je fus très heureusement trompé dans mes
» craintes, ce qui me détermina à porter la dose du triple
» sel à un huitième de grain, et successivement à un
» sixième, administrant toujours l'oxide intérieurement à
» un grain et demi. Remarquons en passant, et prions le
» lecteur de noter qu'il s'établissait sur la petite plaie ar-
» tificielle, au moment qu'on y appliquait le mélange de
» muriate et de saindoux, une démangeaison assez vive qui
» durait près d'une demi-heure, et que cette plaie n'eut
» plus besoin d'être rafraîchie comme auparavant.

» Au trentième jour de l'emploi de ces moyens, la fièvre
» du soir diminua notablement, les pustules de la langue et
» des gencives disparurent ; les ulcères de l'intérieur de la
» bouche, surtout ceux des gencives, se détergèrent ; la
» peau s'assouplit alors un peu, et les urines coulèrent avec
» plus d'abondance. Au quarantième jour, les urines, très
» copieuses et nébuleuses, déposaient avec des mucosités
» un sédiment d'un gris bleuâtre qui, séparé des urines et
» successivement de la mucosité dont il était enveloppé,
» présentait sous la loupe des tétraèdres groupés ensemble,
» insolubles dans l'eau distillée, se dissolvant en partie par
» l'acide nitrique, et déposant, dans ce réactif, un sédi-
» ment d'un blanc jaunâtre extrêmement ténu. À l'époque
» précitée, la plupart des ulcères de la langue, des gen-
» cives et de la face interne des joues étaient cicatrisés ;

» ceux du voisinage du larynx et celui de la luette s'étaient
» rétrécis; les douleurs des membres inférieurs avaient no-
» tablement diminué, et la fièvre avait disparu entièrement.
» Au quarante-huitième jour il n'y avait plus d'ulcères dans
» la bouche ni dans la gorge; la luette était entièrement
» cicatrisée, le sommeil était bon et paisible, l'appétit vif.
» Au soixante-trois ou soixante-quatrième jour, les ulcères
» du front et du cuir chevelu, pansés jusqu'alors avec de
» la charpie sèche, étaient entièrement cicatrisés; il est à
» remarquer que les remèdes avaient été totalement aban-
» donnés après le cinquante-deuxième jour; que la plaie
» artificielle ne se cicatrisa qu'un mois après la cessation
» du traitement, quoique, depuis lors, elle ne fût plus
» pansée qu'avec le cérat; que neuf à dix jours après la
» cessation dudit traitement, les urines diminuant ne pré-
» sentèrent plus le dépôt dont il a été fait mention, et que,
» malgré la rigueur de la saison, le corps resta, pendant
» près de deux mois, dans un état presque continuel de
» moiteur. »

Je transcris maintenant la seconde observation de M. Niel.

« Un individu, âgé de cinquante-neuf ans, avait eu, dès
» sa jeunesse, des chancres qu'on avait guéris par de sim-
» ples topiques. Ceux-là reparurent il y a environ vingt et
» un ans en Italie, où, combattus par les mêmes moyens,
» ils disparurent de la même manière. Peu de temps après
» son retour en France, il y a à peu près dix-neuf ans,
» cette personne fut atteinte d'une ophthalmie qui se pro-
» longea pendant près de deux ans, et se dissipa par suite
» d'un coup à la partie moyenne latérale externe de la
» jambe, lequel donna lieu à la formation d'un large ulcère
» et à une abondante suppuration. L'ulcère dura trois ans,

» se guérit par le repos, l'application d'une toile cirée
» verte et l'ouverture d'un cautère à demeure vers l'extré-
» mité inférieure de la cuisse.

» Deux mois après la cicatrisation de l'ulcère, il survint
» des douleurs qui s'accrurent progressivement, furent at-
» taquées par différents moyens généraux, diminuèrent
» pendant un certain temps, reparurent avec plus d'inten-
» sité, et s'exaspérèrent toujours pendant la nuit. Les exu-
» toires infiniment prodigués ne procurèrent aucun résultat
» avantageux.

» Après l'emploi de moyens curatifs inutilement variés,
» et aussi l'usage en boissons, en bains, en douches, des
» eaux d'Aix, de Grioulx et de Bagnières, apparition (il y
» a sept ans) d'une exostose à la face moyenne de l'os
» frontal.

» Sirop de Cuisinier administré l'espace de trois mois,
» diète sèche ; cessation entière des douleurs.

» En juin 1815, ondée de pluie reçue sur le corps, celui-
» ci étant échauffé par la marche. Le lendemain, retour des
» douleurs et légère inflammation de la gorge. La saignée,
» les diaphorétiques et les gargarismes firent cesser la dou-
» leur et l'inflammation, et le malade jouit jusqu'à la mi-
» novembre d'une santé apparente.

» A cette époque, retour des douleurs, qui augmentèrent
» progressivement pendant l'hiver. En janvier, inflamma-
» tion de la gorge et ulcères, qui, gagnant de proche en
» proche, s'emparèrent de la luette, et s'étendirent jusqu'au
» voile du palais.

» Dans le mois de février 1816, il consulta son médecin,
» ainsi qu'un médecin de Montpellier, qui s'accordèrent à
» lui conseiller la tisane de Vigaroux ; celle-ci fut continuée
» jusqu'en avril, sans produire le moindre changement.

»Le malade ayant abandonné la tisane précitée, vint
»me consulter vers les premiers jours de mai, et m'ex-
» posa les antécédents avec l'accent du plus affreux déses-
» poir ; je lui proposai les préparations d'or, auxquelles il
» ne se prêta avec confiance qu'après avoir lu ce que M. le
» docteur Chrestien a écrit sur leur efficacité.

»Du 10 au 16 mai, frictions sur la langue avec un
» dixième de grain de muriate d'or et de soude. Cette partie
» s'enflamma, et les papilles se développèrent d'une ma-
» nière effrayante ; l'irritation fut poussée si loin, que l'at-
» touchement du moindre liquide occasionait des hémor-
» rhagies. Cet accident cessa de me surprendre, lorsque le
» malade m'eut appris que, dès sa plus tendre enfance, la
» bouche et les parties qui en dépendent avaient constam-
» ment offert une susceptibilité étonnante, et qu'à l'âge de
» douze ans il avait été atteint d'une inflammation de la
» langue, qui avait fait craindre pour ses jours. Forcé d'a-
» bandonner la méthode ordinaire, je fis appliquer des
» languettes épispastiques sur chaque côté du cou ; j'en fis
» panser les plaies, tantôt avec une couche légère d'un
» mélange d'un gros d'or divisé et d'une once d'axonge,
» tantôt avec celui de dix grains de muriate et de demi-
» once du même excipient. La première combinaison était
» employée lorsque les plaies s'irritaient ou s'enflammaient ;
» la seconde, quand elles tendaint à se dessécher. Applica-
» tion d'un emplâtre d'extrait de garou sur l'exostose [1].

[1] Quoique je pense avoir été le premier à me servir de cet extrait, je me dispenserais de dire que j'avais fait part à M. Niel
des bons effets que j'avais retirés en pareil cas de son application,
si je ne voulais faire observer que cet extrait m'a fourni un des
plus puissants topiques contre les tumeurs blanches du genou.
Quoiqu'il agisse pour l'ordinaire comme vésicant, une fois appli-

» L'emploi des moyens précédents fut continué pendant
» quatre mois avec la plus grande persévérance. Durant les
» deux premiers, nul effet sensible, sans pourtant que la
» confiance du malade et du médecin se démentît un seul
» instant. Vers le commencement du troisième, améliora-
» tion de l'état des ulcères de la gorge et de ceux de la
» luette, qui commencèrent à se déterger. Vers la fin du
» même mois, cicatrisation d'une partie des ulcères, dimi-
» nution notable des douleurs. Au milieu du quatrième, les
» ulcères furent cicatrisés, l'exostose avait considérable-
» ment diminué, les douleurs étaient très supportables, et
» le malade jouissait de cette sorte d'hilarité dont j'ai parlé,
» et qui est quelquefois produite par les préparations d'or.

» Le 10 octobre, il survint un frisson qui dura près de
» trois heures; à sa suite, fièvre qui se soutint jusqu'au 13,
» et diminua jusqu'au 16. Pendant les deux derniers jours,
» elle fut accompagnée d'abord de chaleur habituelle, et
» terminée par une sueur copieuse qui se soutint jusqu'au
» 22, et se renouvela chaque nuit jusqu'à la mi-novembre.
» Les douleurs avaient complètement disparu avec cette
» évacuation. L'exostose s'effaça petit à petit, et ne laissa
» aucune trace. Trois années d'une santé parfaitement ré-
» tablie ne suffisent-elles pas pour constater cette guéri-
» son [1] ? »

---

qué, on ne le change que lorsque le chamois sur lequel on l'avait étendu est dégarni. On l'enlève néanmoins momentanément, s'il procure des douleurs trop vives.

[1] J'ai envoyé tout dernièrement au docteur Legrand une observation du docteur Simoneau, qui exerce la médecine avec une grande distinction à Florensac. Ce praticien, pour une affection vénérienne caractérisée par des ulcérations très graves dans la bouche, a appliqué un séton à la nuque, et il l'a pansé soir et

Quoique je sois fâché de combattre souvent M. Magendie, précisément parceque j'honore son talent et son caractère, je ne puis encore passer sous silence mon étonnement de ce qu'il a omis de noter que le sujet de la première observation avait employé par ingestion, dans l'espace de cinquante-deux jours, soixante-quatorze grains d'oxide d'or; que l'or divisé, et successivement le muriate porté à un sixième de grain par pansement, ce qui fait pour le dernier un tiers de grain par jour, étaient unis à un peu de saindoux et non pas à demi-gros; qu'on avait appliqué au second malade deux languettes épispastiques, et qu'on avait pansé les plaies qu'elles avaient produites avec une pommade composée d'un gros d'or divisé sur une once d'axonge, ce qui donne quatre grains d'or par demi-gros d'excipient, et par une autre préparée avec dix grains de muriate sur demi-once d'axonge, ce qui fournit un grain et quart d'hydrochlorate par demi-gros de saindoux.

En parlant d'oxide d'or, je ne puis pas ne pas faire observer que c'est mal à propos que M. Orfila, dans le Dictionnaire de médecine auquel il a coopéré, a annoncé que cette préparation était inusitée. Elle n'est pas employée aussi fréquemment que l'hydrochlorate d'or, mais elle a les mêmes propriétés, et elle est préférable lorsqu'on a à traiter des sujets irritables et faciles à émouvoir. On n'a qu'à lire l'ouvrage de M. Niel, le mémoire du docteur Gozzi, et on y verra nombre de faits en faveur de l'oxide. Le médecin de Bologne rapporte avoir guéri, au moyen de l'oxide précipité par l'étain, auquel il a trouvé plus d'énergie qu'à celui par la potasse, ainsi que je l'avais annoncé, un malade

matin avec du muriate incorporé dans un peu d'axonge. Ce mode de traitement, analogue à celui de M. Niel, a été couronné d'un plein succès.

atteint d'une paralysie du côté droit, et d'une exostose au sternum. Deux mois d'usage de cette préparation rendirent le mouvement aux parties qui l'avaient perdu, et dissipèrent une sciatique qui les en avait privées, mais l'exostose ne céda qu'au muriate. Il dit également avoir dissipé des exostoses sur le crâne par l'administration du même oxide employé en frictions sur les gencives, pendant deux mois. Un remède qui effectue de pareilles cures doit-il être mis de côté ?

Ce que je dis en faveur de l'oxide par l'étain, je le dirai en faveur de celui par la potasse. Depuis la publication de mes préparations d'or, j'ai eu le bonheur de guérir par l'emploi de cet oxide plusieurs femmes atteintes, les unes d'engorgements au col de la matrice, les autres au corps même de cet organe, que les anciens appelaient squirrhes, et auxquelles plusieurs modernes donnent le nom de tumeurs par induration. On dénommera comme on voudra, ce que je dis est vrai, je ne puis pas me faire illusion. Jamais je n'ai fait d'exploration, j'en charge toujours une personne instruite qui n'a nul intérêt à se tromper ni à me jeter dans l'erreur. J'ajouterai même que dans des cas de cette nature je préfèrerai l'oxide par la potasse à celui précipité par l'étain, et surtout au muriate, quoique quelques praticiens l'aient administré avec le plus grand succès non seulement contre ces affections, mais même contre celles de l'ovaire. Un des faits les plus intéressants qui m'aient été communiqués en faveur du muriate, est celui que je tiens de M. le docteur Mabit, de Bordeaux.

« J'ai à votre disposition, me marque cet habile prati-
» cien, en date du mois de janvier 1822, plusieurs obser-
» vations concluantes sur les bienfaits de vos préparations

» d'or, et notamment celle d'un squirrhe de l'ovaire caracté-
» risé, abandonné par MM. Dubois, Boyer, Petit, de Paris,
» et deux praticiens de Bordeaux. La malade a été guérie,
» et reconnue telle par les mêmes hommes de l'art qui
» avaient déclaré la nature du mal et son incurabilité,
» après quatre mois d'usage du muriate triple poussé à
» la dose de vingt grains. C'est à vous que je dois un si rare
» succès..... »

Il est des praticiens d'une réputation européenne qui donnent la préférence à l'oxide sur le muriate dans les circonstances qui la motivent, et je citerai M. le professeur Beaumes, qui au moyen de cette préparation administrée pendant trois mois en frictions sur la langue, sans autre auxiliaire qu'un régime approprié, a délivré d'un engorgement scrophuleux très considérable au cou une demoiselle douée de beaucoup de sensibilité qui avait reçu sans en retirer aucun avantage les soins long-temps continués de plusieurs habiles médecins de Paris.

Ce n'est pas le cas de rapporter ici toutes les observations qui prouvent l'efficacité de l'oxide, mais je ne puis pas me défendre du désir de faire connaître celle que m'a communiquée un confrère d'Aix (Bouches-du-Rhône), M. Arnault, homme du premier mérite : elle vient à l'appui de ce que j'ai avancé, que l'oxide uni à des substances gommeuses ne se décompose pas.

» M. D***, d'une constitution lymphatique, et pourtant
» très irritable, avait passé les premières années de sa vie
» sans éprouver aucun état maladif. A l'âge de sept ans, il
» eut, à la suite de la rougeole, un gonflement du tissu cel-
» lulaire et des glandes du cou qui ne se dissipa qu'après
» un long traitement. A quatorze ans, il fut atteint d'un
» rhumatisme aigu qui résista pendant deux mois aux moyens

» qu'on lui opposa, et dont il eut encore une légère atteinte
» un an après.

» Dans le mois de décembre 1825, M. D***, se livrant
» aux amusements de son âge (il avait alors quinze ans),
» se pressa le testicule droit. Cet organe augmenta de vo-
» lume et devint douloureux; bientôt l'abdomen fut le siége
» de douleurs vives, et une tumeur volumineuse ne tarda
» pas à se développer dans la région hypogastrique. Cet état
» fut combattu par les antiphlogistiques: après deux mois
» de traitement, les douleurs étant dissipées, mais le tes-
» ticule et la tumeur du bas-ventre restant les mêmes,
» M. D*** crut que l'exercice du cheval lui serait salutaire:
» l'équitation réveilla les douleurs: la fièvre survint, et on
» eut de nouveau recours aux antiphlogistiques. »

» On aperçut alors un nouveau phénomène: il se mani-
» festa une tumeur au pli de l'aine du côté droit, au devant
» et sous le trajet du cordon spermatique. Ce fut à cette
» époque que je vis, pour la première fois, le malade, dont
» le domicile est à quinze lieues d'Aix, et que son père con-
» duisit dans cette ville. Voici quel était son état:

» 1° Le testicule droit avait le volume d'un œuf de poule;
» il était dur, inégal et douloureux; le cordon était sain.

» 2° Une tumeur, semblable, par sa forme, son volume
» et sa dureté, à celle que présente la vessie distendue par
» l'urine, occupait la région hypogastrique.

» 3° On distinguait par la percussion la présence d'un
» liquide dans l'abdomen.

» 4° Une tumeur formée par un fluide était placée au pli de
» l'aine droite, au devant du cordon et des vaisseaux sper-
» matiques. Elle paraissait et disparaissait avec une égale
» promptitude, selon que le malade était debout ou couché;
» elle était évidemment formée par une partie de la sérosité

» contenue dans l'abdomen, et qui s'échappait par l'anneau
» inguinal.

» Les digestions étaient laborieuses, le pouls fréquent,
» et le malade éprouvait de la douleur au bas-ventre lors-
» qu'il marchait ou lorsqu'on exerçait une pression même
» légère à l'hypogastre.

» Je prescrivis le repos absolu, les adoucissants, le ré-
» gime végétal et les bains de nos eaux minérales, qui, de
» toutes les eaux thermales, sont peut-être celles qui se
» rapprochent le plus des bains domestiques simples. Le
» prompt amendement que ces moyens produisirent rendit
» inutile l'emploi des saignées locales. Au bout de quinze
» jours, le pouls était naturel, et les douleurs furent entiè-
» rement dissipées. Dans cet état, je pensai que les prépa-
» rations d'or seraient employées avec avantage. M. Chres-
» tien se trouvant à Aix, je lui présentai le malade, et il fut
» décidé qu'on aurait recours à l'oxide d'or précipité par la
» potasse.

» Je commençai par un douzième de grain de cette pré-
» paration mise en pilule au moyen du mucilage de gomme
» arabique, donné de deux jours l'un, en alternant avec
» les bains. Le premier grain épuisé, le second ne fournit
» qu'à dix pilules administrées dans le même ordre que les
» premières. Après celles-ci, on n'en fit que huit de la même
» dose d'oxide, dont le malade prit une chaque jour, usant
» également du bain, qu'on n'alterna plus. Du quatrième
» grain on ne fit que six pilules ; quatre seulement du cin-
» quième, enfin on n'en forma que trois du sixième. A cette
» époque, les bains furent abandonnés, mais l'oxide fut
» continué à un tiers de grain pendant encore douze jours,
» après lesquels M. D*** se trouva dans un état si satisfai-
» sant que je ne poussai pas plus loin le traitement, qui a

» duré environ trois mois. Le succès le plus complet l'a cou-
» ronné, la tumeur du bas-ventre a entièrement disparu,
» et avec elle l'épanchement, de même que la tumeur de
» l'aine. Le testicule est réduit à son volume ordinaire, et
» son tissu est revenu à son état naturel. On a employé neuf
» grains d'oxide. Aujourd'hui, 31 mars, six mois après le
» traitement, M. D*** fait son cours de droit à Aix, et jouit
» d'une santé parfaite. »

Quoique ayant répondu à une assertion de M. Orfila, parceque je la crois erronée, je suis très éloigné de lui attribuer la moindre intention de nuire à mes préparations d'or; je serais injuste en effet, puisque ce célèbre chimiste, en parlant de l'hydrochlorate de ce métal, a dit qu'il est regardé par quelques praticiens comme un très bon antisyphilitique.

FIN.

www.ingramcontent.com/pod-product-compliance
Lightning Source LLC
LaVergne TN
LVHW050616090426
835512LV00008B/1520